# 看小說學寫作

## 安徒生的內褲

十方 著

**魯超風**
手機上傳・1分鐘前

他不知道我在這裡。小心，手腳要輕，不要發出任何聲音。
我要偷他的內褲，拿個幾條，不要懷疑！

讚　留言　分享

小尖頭和其他58個人都說讚。

**Herro Xiao** 你在哪裡？
讚・回覆・1月21日 11:04

**魯超風** 在他家！床底！地板嘎吱嘎吱，輕輕一動就像在樹幹裡放鞭炮，暈！
讚・回覆・1月21日 11:06

**魯超風**
手機上傳・3分鐘前

今天是月考最後一天，我想記錄這驚險的一刻。
我發誓看過他的股溝。那傢伙在陽台上懶洋洋地攤著上身，胳肢窩比一卡車的煤還要黑。
我要為民除害，伸張正義。
年輕人，應當勇於冒險，是不是？是不是？

讚　留言　分享

小尖頭和其他62個人都說讚。

**Herro Xiao** 好噁。
讚・回覆・1月21日 11:08

**icemontian** 拍一下！我要看床底！
讚・回覆・1月21日 11:08

**魯超風**
手機上傳・2分鐘前

地板上有一股池塘邊木頭進水的臭酸霉味，牆上有幾個小洞，牆皮散得到處都是。

手痠死了，像扛著啞鈴上珠穆朗瑪峰，GG！

讚　留言　分享

小尖頭和其他108個人都說讚。1次分享。

**Herro Xiao** 魯超風，你媽媽喊你回家！
讚・回覆・1月21日 11:10

**魯超風**
手機上傳・1分鐘前

有聲音！
他上來了！

讚　留言　分享

小尖頭和其他122個人都說讚。

**陳健明** 快閃！
讚・回覆・1月21日 11:11

**icemontian** 死定了！
讚・回覆・1月21日 11:12

**Herro Xiao** 哇！
讚・回覆・1月21日 11:12

**魯超風**

手機上傳‧1分鐘前

報告，前方有：書桌腳，椅腳，鑄鐵床架，地上揉成一團的紙。我可以擰開床腿，劈頭打他一個措手不及；也可以跳過書桌，從窗邊逃出去。嘖！從不洗窗嗎？玻璃像抹了肥皂似的，看不清楚。可惡！

讚　留言　分享

小尖頭和其他146個人都說讚。

**Herro Xiao** 他是誰？你到底在幹嘛？

讚‧回覆‧1月21日 11:13

**icemontian** 不要動！千萬不要動！

讚‧回覆‧1月21日 11:14

**魯超風**

手機上傳‧3分鐘前

兩個月前，我們結下梁子，不共戴天。

老頭家的陽台恰恰對著教室窗口。他要是在二樓突出的陽台上伸手，似乎能碰著我。各位同學，人算不如天算，天算不如不算。在我抄寫王老大答案的時候，老傢伙狠狠瞪了我。耶？瞪哩？瞪什麼瞪？古人說：「今天不做，明天會後悔。」同學之間互相幫助，相互合作，干他什麼事？妨礙自由！

讚　留言　分享

小尖頭和其他202個人都說讚。

**Steven周** 是啊，干他什麼事？

讚‧回覆‧1月21日 11:18

**Mr.王** 我也在，怎麼沒聽見？
讚・回覆・1月21日 11:19

**魯超風** 他用竹竿戳我耶！你瞎啦？
讚・回覆・1月21日 11:20

**魯超風**
手機上傳・3分鐘前

「作弊！」我聽見曬衣竿劈里啪啦卸下的聲音，然後看著一根竹竿，朝我捅了過來。衣服在空中旋轉，驚起幾隻好事的麻雀，尖叫著四處翻飛。我的臉全綠了。「作弊！」他咆哮著。曬衣竿不夠長，離教室窗口還有些距離，老師嘴張得大大的，站在他眼珠凸得要掉了出來。同學！我造了什麼孽？什麼孽？他老人家打小孩，閒著也閒著。我還要不要混？啊？要不要？全班都知道了啦！

讚　留言　分享

小尖頭和其他231個人都說讚。

**Herro Xiao** 活該！
讚・回覆・1月21日 11:23

**Mr.王** 別鬧，你快走。
讚・回覆・1月21日 11:24

**魯超風** 我的頭有點暈，身體僵硬得好厲害。關節像灌了水泥膠，痛死了。
讚・回覆・1月21日 11:24

**魯超風**

手機上傳・1分鐘前

聲音停了。然後呢？內褲在我懷裡，傳出淡淡的肥皂香。胳肢窩老頭不可思議、不三不四、不倫不類的四角花內褲，明天將在升旗桿上隨風飄揚，供人瞻仰。

我要他知道，咱在黑暗面佔有的一席之地！嘿嘿！哈哈！

讚　留言　分享

小尖頭和其他256個人都說讚。

**Steven周** Bravo！真男人！

讚・回覆・1月21日 11:25

**icemontian** 真男人！

讚・回覆・1月21日 11:26

**Mr.王** 快走！走！

讚・回覆・1月21日 11:28

**魯超風**

手機上傳・1分鐘前

等一下，有聲音。有人上來了。

請跟我憋住氣，跟我祈禱。他不會進來，他不會進來，他不會進來，他不會進來，他不會進來，他不會進來，他不會進來，他不會進來。

我快完蛋了。

讚　留言　分享

小尖頭和其他305個人都說讚。

**Steven周** wow……
讚・回覆・1月21日 11:30

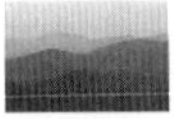
**Herro Xiao** 現在怎麼辦？
讚・回覆・1月21日 11:30

**Mr.王** 別動！留在原地，你別動！
讚・回覆・1月21日 11:31

**魯超風**
手機上傳・2分鐘前

他不會進來，他不會進來，他不會進來，他不會進來，他不會進來，他不會進來，他不會進來，他不會進來，他不會進來，他不會進來，他不會進來。啊？不進來，不進來，不進來，不來不來不來不來不來。嗚！門開了。請讓我在這個悲壯的時刻深呼吸。同學！他來了！

讚　留言　分享

小尖頭和其他305個人都說讚。

**icemontian** 兄弟……你保重。
讚・回覆・1月21日 11:33

**陳健明** 屎了。
讚・回覆・1月21日 11:34

**Mr.王** 保重……
讚・回覆・1月21日 11:34

# 導言：天哪！作文怎麼教

## 苦差事

我自認能訓練女兒寫作。以我的資歷來看，這樣的信心似乎很有底氣：我是文學博士，從事語文教育，寫過幾本書。我對自己信心滿滿，沒有疑慮。

直到某天，女兒指著考卷問我：「媽媽，接下來寫什麼？」我才知道大事不妙了。

「如果你把花盆打破了，接下來要做什麼？請試著描述幾句看看。」

我漲紅了臉，畏畏縮縮盯著這行題目。

「我把花盆打破了，所以就拿掃帚啊？」盯著下面空著的大幅白底，口水從喉嚨口湧了起來。「掃帚，掃地的掃，掃帚的帚。」我把手舉了起來，在空中拉出一條長線，代表掃帚的把。「掃帚——」拉長了尾音，我心虛地眨眨眼。

女兒瞪著龍眼核一般烏溜溜的眼珠，雙手在桌面上圍成一個圓團，黃鼠狼似地仰視我。

「拿掃帚做什麼？」

「掃地啊？」我說，用手指在答案空白的地方敲了敲。

「我、就、拿、掃、帚、掃、地，」我用力地把字一個接一個唸出來，只想盡快交差。

「逗點。」我說。

「把、地、板、打、掃、乾、淨。」

「媽！」女兒尖叫起來，「這樣只有兩句！」

「兩句？」

「對啊！」她顯得有點憤憤不平，「怎麼只有兩句？老師說要寫『幾句』耶！」她的嘴巴扁了起來。

「兩句不就是幾句？」我把作業推到她的面前。「媽媽累了，」我開始哀求，「先這樣寫好不好？」

「不好！」

女兒眼眶開始紅了，眼淚像山間的泉水，汨汨地滾了出來。

「你每次都這樣，都這樣。」

「都怎樣？」我的聲音大了起來。

「都不好好幫我想啦！」她趴在桌上抽抽噎噎，一口氣簡直就要順不過來。

我望著桌上揉成一團的作業，只覺得筋疲力盡，沮喪不已。

「到底是為了什麼？帶孩子寫寫短文，會這麼難？」

我咕噥著，雙肩往後一靠，擰眉翻了個白眼。

# 作文難教

對媽媽來講，教作文是艱苦的工作。不管孩子認了多少字，讀了多少枕邊書，事到臨頭，腦中一片空白。

女兒書桌上擺了一本《作文一本通》，封面邊緣烤魷魚似地捲了起來。這本書比硬石磚略輕、略薄，單手舉起半秒鐘，手腕會輕微顫抖。我們敬畏它，幾乎到了膜拜的程度。

《作文一本通》裡滿是密密麻麻的文章，不仔細看，還以為整本書黏滿蒼蠅頭，撥也撥不清。

女兒每到要寫文章的時候，會急切翻著那本書，嘴巴念念有詞。遠遠看去，就像弓著背煮湯的巫婆，兩眼緊緊盯著鍋底，想煮出點什麼。

每當這時，罪惡感從我心底湧了起來。這孩子不肯思考，沒有創造，她便宜行事，抄襲交差。這跟製造偽劣食品，沒有兩樣。

想到這裡，一種捨我其誰的熱情，從內心深處昂揚起來。

## 難在哪裡？

寫作是「想」出來的。正因為是「想」出來的，所以難教。「想」發生在一瞬間，當你「想到了」的時候，腦子會閃現幾個倏忽即逝、難以捉摸的畫面。一般人很難說明白，怎麼「想到的」，也很難描述清楚，怎麼「想出來的」。

事實上，寫作是一種很難說明白，很難鍛鍊的能力。這就像呼吸。我們懂得呼吸，也一直在呼吸，但真要解釋起來，恐怕舌頭打結，支支吾吾，說不得一個清楚。

作為母親，寫作「說不清楚」的性質，對我造成莫大困擾。為了交差，我跟孩子背誦成語，模仿範文，一字一句照描刻版。我們熟讀範本，爛背疊字詞語，期望言之有物。這些努力，就像不播種的耕作，最終只是出一身汗、翻一地泥，不會有結果。

## 丟掉《作文一本通》吧！

在學習之前，請先丟掉小孩桌上的《作文一本通》吧！真正的寫作能力，不是「背出來」，是「想出來」的！做個大膽嘗試！

在這本書裡，你將會閱讀一個驚悚、懸疑、好看的故事。通過情節，通過對話，你將掌握寫作祕訣，理解創造、想像、描述的過程，提升組織力與創造力。

讀完這本書，寫作即將成為一場冒險，一場激動人心、充滿創造力的冒險，讓你帶著滿囊的星星前進！

# 目錄

# 內褲

他不知道我在這裡。

小心，手腳要輕，不要發出任何聲音。

這裡的木頭地板嘎吱作響，輕輕一動就像在樹幹裡放鞭炮，暈。

我要偷他內褲，拿個幾條，不要懷疑。

我發誓看過他的股溝。

那傢伙在陽台上懶洋洋地攤著上身，胳肢窩比一卡車的煤還要黑。

我要為民除害，伸張正義。

今天是月考最後一天。趁老頭還沒發現之前，我想記錄這驚險的一刻。

俗話說得好：「不入虎穴，焉得虎子？」「進了廚房，還怕身上熱？」年輕人，應當勇於冒險，是不是？是不是？

地板上有一股池塘邊木頭進水的臭酸霉味，牆上有幾個小洞，牆皮散得到處都是。

手瘦死了，像扛著啞鈴上玉山山頂，GG！

樓下有聲音？

糟糕！他上來了！

報告，前方有：書桌腳，椅腳，鑄鐵床架，地上揉成一團的紙。

我可以擰開床腿，劈頭打他一個措手不及；也可以跳過書桌，從窗邊逃出去。

嘖！從不洗窗嗎？玻璃像抹了肥皂似的，看不清楚。可惡！

兩個月前，我們結下梁子，不共戴天。

老頭家的陽台恰恰對著教室窗口。他要是在二樓凸出的陽台上伸手，似乎能碰著我。各位同學，人算不如天算，天算不如不算。在我抄老大答案的時候，老傢伙狠狠瞪了我。耶？瞪哩？瞪什麼瞪？古人說：「今天不做，明天會後悔。」同學義氣相挺，相互合作，干他什麼事？妨礙自由！

「作弊！」我聽見曬衣竿劈哩啪啦卸下的聲音，接著看到一根竹竿，朝我捅了過來。衣服在空中旋轉，驚起幾隻好事的麻雀，尖叫著四處翻飛。我的臉全綠了。

「作弊！」他咆哮著。

曬衣竿不夠長，離教室窗口還有些距離，老師嘴張得大大的，站在台上，眼珠凸得要掉了出來。

嗚嗚！我造了什麼孽？什麼孽？

他老人家打小孩，閒著也閒著。我還要不要混？

啊？要不要？

全班都知道了啦！

這輩子追我的人很多，每個都帶刀。問題是捅我的人不多，基本是沒有！胳肢窩小老頭，我們梁子結大了！

我的頭有點暈，身體僵硬得厲害。關節像灌了水泥膠，痛死了。

聲音停了。

然後呢？

內褲在我懷裡，傳出淡淡肥皂香。胳肢窩老頭不可思議、不三不四、不倫不類的四角花內褲，明天將在升旗桿上隨風飄揚，供人瞻仰。

我要他知道，咱在黑暗面佔有的一席之地！嘿嘿！哈哈！

等一下，有聲音。

有人上來了。

請跟我憋住氣，跟我祈禱。

他不會進來，他不會進來，他不會進來，他不會進來，他不會進來，他不會進來，他不會進來，他不會進來，他不會進來，他不會進

來，他不會進來，他不會進來，他不會進來，他不會進來，他不會進來，他不會進來，他不會進來，他不會進來。

我的手快斷了。

他不會進來，他不會進來，他不會進來，他不會進來，他不會進來，他不會進來，他不會進來，他不會進來，他不會進來。

啊？

不進來，不進來，不進來，不來不來不來不來不來。

嗚！門開了。

請讓我在這個悲壯的時刻深呼吸。

同學！

他來了！

# 小賊

我的背一陣劇痛，胳肢窩老頭拖著我滑出床底。

一陣熱感衝上鼻尖，激得我眼淚都流了出來。

胳肢窩老頭低頭看著我，他的嘴唇在動，但沒發出聲音。

我想也沒想，雙手一抬，抓住他的腳踝。

他的腳奮力扭動，想從我緊箍的手中掙脫。

我的頭簡直要爆開了，太陽穴砰砰跳動。我注意到他的眼鏡歪掉了，圓圓的鏡片彷彿是撬開的彈簧。

「小偷！小偷！」他嘶聲大喊。

一下，兩下，三下，四下，一團巨大柔軟的東西連連打在臉上，我腦袋裡一片空白。

「小偷！小偷！」他發怒，用枕頭朝我胡亂拍打。

恐懼雷擊似地撞進我的血管，羞愧像潮水一樣把我淹沒。

「你！」他高舉枕頭，胸口劇烈起伏。「壞東西！」他大叫，眼睛像森林裡的深潭，皮膚慘白有如屍體。

「你才壞！」我說。

他叉開兩腿，揮起枕頭，朝我劈下來。我一閃，貓腰撲倒在地，從襠下鑽了過去。他轉過身，我趕緊抱頭鼠竄，枕頭從耳邊呼嘯而過，砸中牆壁發出「噗」的一聲悶響。

「不要跑！」他撿起枕頭追我。

枕頭擊中了肩膀，我鬼叫一聲，滑了一跤。

「你等等。」我狠狠瞪了他一眼，扶著書桌搖搖晃晃站起來。

怎麼會弄成這個樣子？

我奮力一跳，氣喘吁吁地站上書桌，腳旁是一疊厚厚的稿子。

「下來！」他舉著大大的枕頭，臉色突變。

我心裡閃過一個念頭：稿子，拿稿子！我迅速蹲下去，抓起前面幾頁朝他晃了晃。

空氣凝固了，他噎住似地瞠大了眼眶。

「讓我走。」我用力一捏，紙張「啪嚓」一聲皺了起來。

他好像深吸一口氣，而我吞了吞口水。

「好吧。」他緩緩放下枕頭。

我跳下書桌，退後一步。

抓到了！

被抓到了！

胳肢窩老頭靠牆站著，臉繃緊了，警惕地瞪著我。

抓到了！

被抓到了！

我踉踉蹌蹌地向門口退去，羞愧得幾乎要尿了。

「對……對不起……非……非常……對……對不起。」

我退後一步，又一步，瞪著他的眼睛。不知怎麼，夾在胸口的東西，居然滑了出來。

內褲？

我低頭一看，心頭一跳。

「搞什麼？」老頭看著地上的內褲說，「這種東西，這種東西，你也偷？」

「不學好！誰讓你這樣！不學好！」他罵罵咧咧，枕頭又飛了過來。

枕頭擦過門框掉在地上。

我後退著，在門外被枕頭絆了一跤，像保齡球似地滾下樓梯——五階，四階，三階，兩階——「碰！」頭上腳下，倒在地板。

「回來！」

老頭大吼著。

跌跌撞撞，我穿出門廊，向前狂奔。

「有賊！」

「有賊啊！」

尖叫聲忽遠忽近。尾隨我沒入巷尾。

汗水刺痛我的眼睛，周圍除了喘息聲，再無動靜。

# 安徒生

「安、徒、生。」王老大唸著，用手摸了摸老頭內褲的皺摺處。

「褲頭繡了名字？神人！」小尖頭湊近這三個字聞了聞，對我露出一嘴鋼牙，臉上是盈盈笑意。

「這東西八成是不小心帶回來的。」我看了一眼窗外，對面陽台裡有榕樹的落葉，曬衣竿上空空蕩蕩。

「放輕鬆點，魯超鋒。」王老大說，用食指頂起這條內褲晃了晃。

「大火燒不到龍王廟。」

「老頭不會來學校告狀的，我保證。以前我們也捉弄過他，他也沒怎麼樣。」王老大用胳膊肘輕輕地捅了捅我。

小尖頭附和地點點頭。

「這可不一定。老頭還真嚇到了，不會善罷甘休。」我說。

「怎麼說？」王老大向後一倒，看著我琢磨了一會兒。「他能怎樣？」

我嘆了一口氣。

能怎樣？我心裡說，記個大過？留校察看？

我做了個砍頭的手勢，肩膀垂了下來。

「別鬱悶啦！喝點可樂？」王老大說。

「沒心情。」我說。

「雪碧？」小尖頭說。

「知人知面不知心，寸金難買寸光陰。」王老大扭開可樂罐頭喝了一口，把罐頭放在我的面前。「我們還有時間。」

「時間？」我問。

「你傷了他自尊，去道個歉。」王老大直起身子說，「把內褲還給他，負荊請罪，痛哭流涕。」

「去給他下跪？」我說。

「你是膝下有黃金喔？」王老大說。

「不要讓你媽知道啦。」小尖頭白了我一眼。

「你去不去？」王老大作勢扇我一個巴掌。

我身子一軟，趴在窗台上，一幅朦朧的畫面從腦子跳了出來。

記大過，我要被記大過了嗎？

我朝朦朧的黑暗中看去，看著自己背著書包落寞地走出學校。

魯超鋒！

面對現實吧！

你個沒用的東西！

腦海迴盪著一聲深沉的嘆息。

「好吧！我們去！」我挺直腰桿說。
對面陽台上，一片落葉飄了下來。

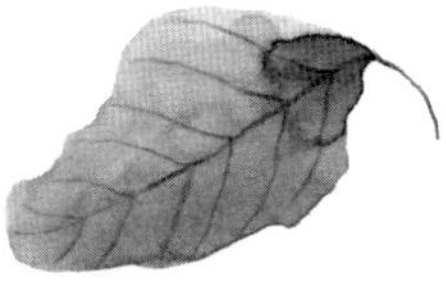

# 暗室

## 1

我們繞了出去，在後門隆起的坡上停了一會兒，俯瞰巷底，一動也不動。

五育中學右側有許多老房子，屋頂高高低低，胡亂挎著歪七扭八的電線。小巷沿著圍牆延伸，呈一個弓形。

許多房子的門廊木架塌了一角，院前滿是雜草。邊牆的磚塊已經崩裂，木板剝落掀翻，發黑發霉。

我們沿著雜草堆，深一腳淺一腳地往外走，大半房屋的斜側屋頂，捲入灰綠交雜的藤蔓植物裡，就連門口的柱子也被完全覆沒。

王老大右肩斜斜挎著書包，小尖頭甩著美術袋，我把雙手抱在胸口，催眠似地不發一語。羊腸小巷坑坑窪窪，凹凸不平，牆角雜草在褲腿旁嚓嚓作響。我聞到一股發霉爛臭的味道，頭皮一陣發緊。

「根本就是鬼屋。」小尖頭指著巷底被藤蔓層層覆蓋的大屋，衝我翻了個白眼。

這座老宅的門廊木架塌了一角，脫落的門口的頂燈被一根電線吊在半空中，隨風微微飄蕩。前院很小，芒草長得比半個人還高，果蠅嗡嗡亂竄。黑色鏤花鐵門像牙齒一樣戳在乾裂的泥地上，鐵柵鏽跡斑斑。

王老大攀住鐵門，迅速往裡面瞄了一眼。

「這也能住？」小尖頭說，「豬八戒的窩，都比這裡好得多。」他扁了扁嘴，在空中勾了勾兩個大拇指。

「老大，那些是長春藤嗎？」我問。

「是吧。」他說，「問這個幹嘛？哎呀！那邊，那邊，魯超鋒！」

我順著他的手指方向看了過去。「一張小木桌？嗯，我是看見了。

我覺得那桌子有點太矮了，要走近點才能知道上面擺著什麼。怎麼？有什麼特別？」

「上面！上面啊？」

我們全都屏住呼吸，伸長脖子去看。小尖頭喊了出來。

「斧頭？」他往後一縮，嗓子突然像個女人尖了起來。

「像是，」我點點頭，「上面有點紅紅的。」

「有病！」小尖頭說，「什麼年代了，難道還劈柴生火？真是有病。」

「你才有病。」王老大白了小尖頭一眼。「那叫情調，礙著你了？」

「我沒意見。」我搖搖頭。

王老大嘎吱一聲推開鐵門，幾隻青蛙在我們腳下跳了開去。

小尖頭往後一縮，五官擠成了一堆。

「呸！呸！呸！」他連連吐著口水。「蟲，蟲！」

幾十隻嗡嗡飛蟲朝我們撲了過來。小尖頭手忙腳亂地轉著圈圈，雙手在空中不停揮舞。

「安靜！」王老大壓低了聲音，「你給我安靜！」

「水！快點！」小尖頭氣得大吼，「進嘴，進嘴了！」

「沒有。」我說著，半跪在泥地上，把手伸到書包裡翻找。我真不想進去，真的不想。濕漉漉的泥水滲進膝頭，升騰出一股新掘墓穴的氣息。

「真的沒有。」我仰頭做了個鬼臉。

「可惡！」小尖頭一邊罵，一邊連連吐著口水，用手背抹著嘴唇。

「真噁！」他聳著肩，朝前走去，一步，再一步，第三步，踏到了門廊邊。

小尖頭背對我們，突然尖叫起來：「在動！在動！怎麼會動？」

門內有什麼東西咔嗒咔嗒作響。我聽見了，王老大也聽見了。

門突然開了，像是有人用力推了一下。

我和王老大對看一眼，交換一個驚嚇的眼神，快步走了過去。

「開了？怎麼回事？」我說。

王老大低下頭，仔細研究門鎖，撥弄鎖頭。

「別怕，」他說，「風吹的。這裡這麼潮濕，鎖頭鬆了，ＯＫ？」

「真的……」小尖頭有點猶疑，「真的，要進去？」

王老大側身往門內看了一會兒，扭頭望了我一眼，眉毛輕輕挑起，大步走了進去。

## 2

我的視線沿著大屋牆邊慢慢尋找，四處漫射著懸浮的灰塵，飄著一股蘑菇發霉的味道。

房子內部相當陰暗，光從牆壁跟屋頂上的細小裂縫瀉了出來。

看著一條髒兮兮的紅色地毯穿過大廳，消失在一片昏暗裡，我突然決定，要盡快低頭道歉。

先跪下去，必要的時候抱住大腿，四肢貼地。

我想像了一陣，屋裡的壁虎零零落落地叫了起來，像要震破牆壁。

「現在怎樣？」小尖頭捏著鼻子問道。

「怎樣？還能怎麼樣？」王老大說，「你要怎樣？不就來找人嗎？」

「我知道要找人。」小尖頭有點鬧了脾氣，「人呢？難不成這裡燈光美氣氛佳，觀光啊？」

「主人有事不在家，先勘查一下行不行？」

「勘查？我還考察嘞？有沒有毛病？」

「好啦。」我說，「不要吵架。」

「就你意見多。」王老大對小尖頭說，「早知道不讓你來了，囉嗦。」

「別說，別再說啦！」我的眼角突然掃到什麼動靜，有個東西動了一下。

我轉頭看了一眼。

「怎麼？」王老大問。

「沒什麼，沒事。」我說。

一陣風吹來，掀起了窗簾，簾腳翻了翻，揚起了灰塵。

小尖頭往後一縮，五官擠成了一團。

「有東西在動！」這一次，他也看到了。

「什麼？」王老大瞪大了眼睛，視線在房子裡掃來掃去。

壁爐邊的穿衣鏡，發病似地抖了起來。

怎麼回事？

我看著那個拐角，穿衣鏡就在那裡。一串耶誕彩帶癟塌塌地貼在鏡面，像條破殼而出的小蛇。周圍沒有風，彩帶顫抖著，發出沙沙聲。

有鬼？

小尖頭叫了起來。

「看到沒？你看啊？看到沒？」

沒有人回答。

鏡子抖動的幅度變小了，慢慢地不抖了。我想起老宅外帶血的斧頭，腦中浮現巨大的新聞標題：

安徒生老宅浴血奮戰　中學青年誤闖魔人境地　三人遇害身亡

我向前靠近一步。這麼玄的事情，太刺激了。開什麼玩笑，不能放棄。

我又往前踏了一步，小尖頭跟了過來。

我強迫自己走過去，站在穿衣鏡前，腦袋一片空白。

砰！

聲音是從鏡子裡發出來的，牆壁深處似乎有了生命。我看了看王老大，用力吞了吞口水。

砰，砰，砰！

有人在裡面？是誰？鏡子裡有人？

「打開！」王老大在我耳邊輕聲下了命令。

我的腦子一片空白。

「裡面有東西在搖，打開！」

靈光突然一閃。

門！

我捂著嘴巴，哆哆嗦嗦地推了一下。

真是門！

鏡子微開，裡面有微弱的光。

一陣朦朧的敲擊聲傳了出來，底下很深。

我看看王老大，又看看小尖頭，心跳到了喉嚨口。

怎麼辦？

底下的東西彷彿在等待什麼，向我召喚。

我深吸一口氣，用力一推，讓暗室露了出來。

## 3

我們探了探頭，全都屏住呼吸。

「下面有什麼？」王老大問，「你猜？」

「地窖。」我說，「應該是個儲藏室……放酒的？」

小尖頭翻了個白眼。「酒？酒會搖來搖去？你個水母腦袋？」

王老大看看小尖頭，又看看我，深吸一口氣。

「怎麼辦？下不下去？」

「去。」我說，「好不容易來了，也許能破案呢？」

「破案？」王老大的聲音有點顫抖，「這，這麼厲害？」

他往下踏了一步，縮頭避過天花板上的突起，戰戰兢兢往深處看著，又倒退了回來。

「你先。」他交叉雙手窩在腋下，對我點了點頭。

「真有什麼事情，你一個人做，我們三個人當。」

「我先？」我問。

他一聳肩。「有人弄你，我們就在後面。」

「管用嗎？」

「這事是你攬的，總得自己收拾，一卡車的保安隊也不能保你過關。」

「我帶著瑞士小刀。」小尖頭說，拍拍我的肩膀。

# 4

「喂，」我咕噥著，「有沒有聞到一股味？」

沒錯，的確有一股腥濕的味道，但是又說不出來是什麼。那個味道讓人反胃，有點像拉起一串霉爛的海藻。

我深吸一口氣，蹬了蹬腳，一陣刺耳的嘎吱聲響了起來，情況很不妙。

「別蹬了，趕快下去。」王老大說，「那是個梯子，不是彈簧床。」

「我看不到啊！」我說，「什麼也看不到，要我摔死啊！」

木梯檔在我腳下凹陷下去，天花板上的塵埃和昆蟲乾屍紛紛撒落，我的鼻子一陣發癢。

「輕點，輕點！」王老大壓低嗓子喊了起來，「樓梯好像不太行呢，魯超鋒！」

我們並不知道下面有多深，很小心謹慎地往下走。一個凹陷的樓梯踏板被踏穿了，我腳下一空。

「唉喔！唉啊！」

王老大的雙手用力攫住我的肩膀。「慢點！你慢點！」

我在黑漆漆的空中旋了半圈。

「魯超鋒！」王老大喊了起來。

「唉呦喂呀！」小尖頭在尖叫著。

又一個木梯踏板被踏穿了，梯子傾斜，我們全都滾了下去。

我的頭撞到一個堅硬的東西，頓時眼冒金星，噁心暈眩，好一會兒才緩過來。

「要死了！」王老大喊，掙扎著站起來。

小尖頭的胸口牢牢抵住我的背，哀聲道：「見鬼了，你是脂肪打八圈在身上嗎？」他推了兩次，才把我從他身上推開。
我朝上一看，我們已經在暗室的底層。往好處想，我們也算「直達」，只是速度太快。
「還好嗎？」我說。
小尖頭站起來後右腳用力蹬了蹬，像隻受傷的野狗喘著氣。
「不就摔了一下嘛，」我說，「人沒怎樣。」
「沒怎樣？這樣還沒怎樣？」他一把抓住我的衣領，「我要回家，現在就回家！」
我對王老大說：「你看！他這個人不可理喻！」
「好了，好了，」王老大站在中間，分別握住我和小尖頭的手臂，「不要吵架。」
「不要吵架！」小尖頭的臉漲得通紅，「該打架！」
我想扇他一個巴掌，眼淚都快飆了出來。朋友朋友，豬狗不如。這世上真有人能患難與共，八百斤的神豬也能飛天。真是悲哀。

我向後退了一步，視線始終沒有離開小尖頭。太陽穴沒有規律地跳動，一槌一槌敲得我頭痛欲裂。

我伸手去摸牆壁，又僵住了。

地下室有人。用餘光就能看見。

胳肢窩老頭？安徒生？老先生？

他戴著頭盔，頭古怪地扭向一邊，視線直直落在我的身上，緩緩抬起了右臂。

不管喊他什麼，都不管用。這傢伙看起來瘋了。

他的身上，我看到了小榔頭，用紅色細線懸在手臂，輕輕搖晃著。

我看著王老大，王老大看著我，我們靠在一起，驚恐地退到角落。

「誰，是誰？」他的聲音從鐵盔裡發出，聽起來十分遙遠。

像精神病院裡剛殺了人的病患，那傢伙朝前踏了三步，頭微微低下，視線一個接一個地落在我們身上，好像意識飄在了宇宙外太空。

我的腎上腺素急速飆升，眼眶脹得發熱。那傢伙看著我，黑色眼珠向上瞪著我們的眼珠，嘴微微咧開，露出紅色牙肉。在鐵鑄的面罩裡，眸子非常明亮。

小尖頭啜泣起來。

「不，不知道。」

「不知道？」

他的頭突然擰正，快得就像一條蛇。

「什麼？」他說。

安徒生一隻鮮紅的舌頭翻了出來，慢慢滑過牙齒。他的嘴唇歙動著，纖長手指慢慢握住榔頭木柄，雙手齊握，用盡力氣。

喔！聖母馬利亞耶穌基督穆罕默德安拉啊！

關聖帝君天上聖母真主阿拉耶和華啊！

不要殺我！我想。

不要殺我！我屏住了呼吸。

沒有防備地，他格格笑了起來。

別笑了，求求你別笑了。我默唸著。

「不，不要！」我喊道。

他渾身抖了一下，手往空中畫一個半圓，一時沒有拿穩，榔頭拋物線般滑了出去。

咚！

榔頭掉在地板上，發出一聲悶響。

小尖頭的尿，終於灑了出來。

## 5

他把榔頭撿了起來，深吸一口氣。

我覺得手上有黏稠溫熱的東西，指間好像沾上了什麼。

「有朋，自遠方來啊？」他睜大眼睛。

「魯、魯、魯超鋒。冒、冒、冒昧打擾。」我說。

「認得！」他挑起一側眉毛，射穿人似地瞪著我。

「一回生二回熟啊！小朋友！」安徒生額上抬頭紋隱隱搏動，喉頭像噎著一個核桃。

「興致這麼好，攜伴旅遊？」他問。

「沒、沒什麼，我們馬上就走。」我說。

「想來就來，想走就走，」他瞇著眼睛說，「是把我家當公廁？還是把我當公廁？」

他搖搖晃晃，朝前踏了一步。

「誰能解釋一下？」他說，手裡的榔頭向空中畫了個半圓。

我想他會處理掉我們。像他這樣的變態是不會給我們機會的。我最好想個辦法，想個辦法。

「不——要——不——要——」小尖頭手遮褲襠，大喊起來。

「不乾淨，真是不乾淨。」他大皺眉頭。

「別、別殺我。」小尖頭啜泣著。

安徒生忽然瞪大眼睛。

「什麼？」他一把捏住小尖頭的胳膊。「殺你？什麼殺你？」

「你的榔頭。」小尖頭的聲音痙攣般抖動起來。

「榔頭？」

「放過我們，求求你放過我們。我們絕不跟別人透露。」我跪在地上，四肢貼地，哆哆嗦嗦。

安徒生笑了出來。

「跟我求饒？」他的笑聲簡直像卡通片裡邪惡的禿鷹。

「你們真是有趣。」他說，他把榔頭舉起來，左右端詳了一下，眼神裡滿是戲謔的笑意。

「我是個作家。I am a writer.」他說。

「你介意我們統統坐下來，好好談一下嗎？」他的牙齒露出來，閃了一陣白光。

我的胸口像是給人狠狠一擊。

這是什麼樣燦爛的人生？

何等燦爛？

我向後一倒，恐懼緩緩退去。

# 看見

## 1

「你是個作家？」我問，「寫書的那種？」

「嗯。」他銳利地盯著我，模樣就像挺直背脊的黃鼠狼。

「我問你，摔痛了嗎？」

我點點頭。

「摔痛就好，」他拍拍大腿，「提醒我該設個售票窗口。」

「老先生，我……」

「樓裡有些奇奇怪怪的聲音是很正常的。」他推開長桌上的茶杯。「隔壁跟我像一家人，沒事就來吃點東西，串串門子。今天早上，我總覺得哪裡不對，那感覺不大熟悉。」

「安老先生，」王老大發話了，「我們是來道歉的，為上次的事情道歉。」

胳肢窩老頭清清嗓子，用手在喉頭揉了揉。

「道歉？踏穿了我的梯子道歉？」

我乾巴巴地勉強一笑。

「真是有誠意，誠意得不得了。」他說，「上面沒有門鈴？怎麼不敲個門？」

「我們不是故意的。」我的聲音飄渺微弱，不敢直視他眼睛。「你的門是自動開的，上面沒人。」

「自動開的？」他神情凝重地望著我，模仿起便利店的迎客鈴聲：「叮咚！」

「我已經夠忙的了，忙得像狗，我敢這麼說。」他點了點自己的太陽穴，「寫稿需要安靜。你們別沒事找事，老往我家跑？」

「抱歉。」我的聲音虛弱地飄在空氣裡。

他喝了一大口水，做個鬼臉。

「小偷。」他朝我一指：「你是。」又轉向王老大跟小尖頭：「你倆也是。」

「上次也就算了，拿走一些沒用的東西。這次怎麼回事？活到老偷到老啊？」

「現在就去警局。」他從圓椅上略略調整臀部的角度，臉上毫無笑容。「交給警局，給你們教訓。」

我的臉刷的一下紅了起來，心怦怦亂跳。

王老大看我一眼，吞了口口水，對老頭說：「你家出過事。」

「什麼？」

「斧頭跟榔頭上有血，」我用力抿了抿嘴唇，「肯定有點問題。」

「年輕人，說什麼呢？」

「別以為沒人看出來。」王老大用手撩了撩頭髮，「在這裡，誰知道發生過什麼？」

「啊？」安徒生顯得非常驚訝。

「放我們回去，」王老大仔細觀察著他的反應。「誰都不能承擔這個後果。」

「如果不想被揭穿的話，我勸你幫自己一個忙，也幫我們一個忙，讓這件事情過去。」我說。

「哼！」安徒生說，「我還是個失心瘋的殺人魔了，對吧？」

「那麼，」他從圓椅上站起來，右臂抬高，爪子伸過來，「我何必放過你。」

## 2

我的處境萬分驚險，隨時都有可能犧牲。

老頭忽然把爪子縮了回去，對著我的鼻尖輕輕吹氣，眼角滿是沒擦乾淨的眼屎。

「真——聰——明——」他故意拉長了尾音。「你們知道不少，是不是？」

「猜的。」王老大顯得有點不自在，「我想差不了多少，斧頭，榔頭，這個房間……」

「斧頭，榔頭！」他音調嚴厲起來，「我還彈頭嘞！這有什麼問題？要不是我忙著改舊稿，一定寫個新的故事，神經1號、2號、3號！你們當主角！」

「安、安、安老先生。」我企圖緩和氣氛。

「你拿著榔頭幹嘛？這未免太奇怪了吧？」王老大不打算消停。

「奇怪？」他不鹹不淡地看了他一眼，「我在『看見』，你懂不懂？」

「看見什麼？」我問。

「看見一個畫面。」

我和王老大對看一眼，交換一個困惑的眼色。

「看見一個畫面幹嘛？」我問。

「先看見，再寫作，這是祕訣，沒人教過你們嗎？」他露出一個薄如刀鋒的笑容，「不像樣，真是不像樣。」

## 3

「往前一點，年輕人，」安徒生朝我點點頭，「給我聽清楚。」

我猶豫一下，側著身體勉強向他靠攏。

「你蹲下來一點，跟我面對面。」他說。

我照做了，頭隱隱作痛。

「你看上去挺聰明，年輕人。」他用食指肚拍拍我的臉頰，「額頭高聳，耳高過眉。你不寫東西嗎？」

我張口結舌地瞪著他：「寫東西？」

「說故事，寫作啊。」他雙手在彎曲食指和中指，彷彿幫這幾個字加上雙引號。「很久很久以前，在遙遠遙遠的地方，有一個城堡……這種故事，你不說嗎？」

「不、不說。」

「如果你想說故事，就要先『看見』。」

「看見？什麼看見？」

「看見主角是誰，看見主角發生什麼事。」

我回了一下頭，見小尖頭輕聳雙肩。

「看見他住在哪裡，門前的樹長什麼樣子，看見他的門牌。總之，要先『看見』。」他又用手指做引號狀。「寫一個故事，只有在腦子裡看清楚了，才能寫得下去。」

這跟我有什麼關係？我敷衍地點點頭，在心裡翻了個白眼。

「別只是站在那裡，問啊？問我怎麼看？腦子裡的東西怎麼看？」他用食指肚拍拍我的臉頰。

「怎、怎麼看？」我說，眼眶一陣發熱。

「你看過電燈泡嗎？年輕人？」他指著昏黃的燈光。

「看過，先生。」我當然看過，不就是燈泡嘛。

安徒生從椅子裡站起來，伸手向上，掌心輕輕托住圓圓的燈頭。

「好好看著這個『燈泡』，注意它的弧度，它的顏色，記住它的大小。」

這老頭的精神絕對有問題，我敷衍地點點頭。

「記住樣子了沒？」他把燈泡旋下來。

光線不見了，我們三個人待在角落裡，喘著氣，全身出汗。

「小朋友，現在還看得見燈泡嗎？」

我聳了聳肩，在黑暗裡用力地搖頭。

「看得見的，好孩子。」

「怎麼看？黑掉了啊？」小尖頭說。

「看得見，在腦子裡看得見。讓燈泡的樣子在你的腦子裡『再現。』」

「腦子裡？不懂。」我說。

「親愛的，回想剛剛看到的燈泡樣子，回想它的光暈，它的顏色，它的大小，讓燈泡的樣子在腦子裡再現。」

「再現？」小尖頭像隻老鼠似的尖尖細細地笑了起來。「只知道肉餡，不知道再現。」

「你腦子裡有一個燈泡，我腦子裡有一個燈泡，他腦子裡有一個燈泡，每人腦中的燈泡不見得一樣。」安徒生吐出的氣息飄到我面前。

「你看得到，我看得到，他看得到，任何人都看得到。」

「我明白了。」王老大說。

「這就是『看見』，在腦子裡看見，彷彿看見，都懂了嗎？」他旋回燈泡，房間裡又亮了。

4

「『看見』？我只知道『射箭』。」小尖頭又格格笑起來，身體像大雨裡的小花顫抖著。

老頭的臉漲紅了起來，一把抓住小尖頭的手，緊緊捏著，看起來非常用力。小尖頭的眼睛突然瞪大了。

「啊！」小尖頭的叫聲尖細，讓我的耳膜發顫。

「這很重要！只有寫的人『看見』了，看的人『看見』了，他們才能心靈相會！」老頭說。

「相會？」我說。

他皺起鼻頭，「怎麼，不懂？」他舉起兩根食指，噘著嘴讓它們碰在一起。

「確定？」他揚起眉毛，扁了扁嘴。

我搖搖頭。

安徒生從襯衫的兜裡拿出餐巾紙，邊角印著「喜年來茶餐廳」的紅色字樣。他在餐巾紙上寫了一行字，筆跡斷斷續續，但還算清楚：

不要想像愛因斯坦在光速上衝浪

「幹嘛？」我問。

「你看到了。不、要、想、像、愛、因、斯、坦、在、光、速、上、衝、浪。」他指著這行字，故意放慢聲音唸。

「光速？衝浪？什麼意思？」王老大問。

「你能做到嗎？看到這行字而不想到衝浪的畫面—我是做不到，你做得到？」他說。

「我是想到愛因斯坦的頭髮啦。」小尖頭說，「在衝浪時，頭髮一定往上衝的嘛，銀白色，跟狗毛一樣？」

「嗯，繼續。」安徒生說，「他的泳衣，你看得清楚嗎？」

「是紅色的，上面有條紋。像內褲，特別是你的內褲。」小尖頭說。

「是了！」他微微一笑。「看見！看見！看見！我們統統看得見！」

對著我們的臉，安徒生調整自己的位置，長長嘆了口氣，屁股向後縮了一下。像是與老朋友在一起，他左傾身體靠在扶手上。我突然想到，我們全都「看見」了，「看見」愛因斯坦在衝浪了。

「寫作就是這麼回事，年輕人，」他說，「通過一些字，讀的人就能看見作者想出來的畫面。我們通過腦中的畫面，互相理解。這個過程全部是靠『想』完成的。」

「所以我們心靈交會？」我說。

「是的。」他說，「不算太笨，滿好滿好。」

安徒生給自己點了一根菸，又給杯子裡添滿水，然後舉起杯來。這茶微泛灰色，他的眼珠似乎更灰一點。他的頭髮是銀色的，很硬，中間有點禿了，露出的一小塊頭皮又油又亮。今天，他穿著紅色絨布上衣，袖口起毛。手指修長，指甲有裂紋，似乎不太健康。

「來，跟著我唸，年輕人。我唸一句，你們跟著我唸一句。」

「那女孩，」他說，看著我點頭微笑。「那女孩，」我喃喃道，聲音在陰暗的小房間裡繚繞。王老大瞪著困惑的眼睛，小尖頭用右手捂住嘴巴。

「就像森林中，」他說，「深不見底的沼澤。」

「就像森林中，深不見底的沼澤。」我們說。

「不知道隱藏了什麼祕密。」他說。

「不知道隱藏了什麼祕密。」我們說。

安徒生的眼神開始透出某種感情。是感動嗎？似乎是的。

「人們經過，會被那沼澤深處一閃而過的光芒吸引，情不自禁地靠近。啊！情人的眼淚如鮮血，可以染紅冰島成玫瑰。」安徒生開始左右搖擺。

「好美的畫面啊！」他雙手合十，從椅子裡站起來。「好美！」

我們面面相覷，不知道說什麼好。

「讀著這些句子，你的腦子裡的畫面會閃一下！閃一下！閃一下！」他張開爪子，似乎壓抑著激動。「美女！沼澤！光芒！血色玫瑰！」

「什、什麼意思？」

「什麼意思？再仔細想想。」

我想了，電腦中毒，屏幕中的畫面會不停地閃爍。但那是「當機」呀！難不成還得把當機當有趣？我不打算再想下去了，決定保持沉默。足有一兩分鐘，無人吭聲。

「聽不懂？還是不懂？」他咧嘴壞笑。

「懂了，懂了，您真了不起。」王老大謹慎地說，誇張敬了個禮。

「對、對不起，我們誤會了。這裡是有些古怪，到處是危險品，但是我猜，應該各有用途，是不是？」

「也許，是創作靈感的工具？」王老大試探地說，「我們不懂，安先生，榔頭拿來做什麼了？」

「不就拿來敲東西？也許像你們說的，拿來敲人了？」老頭臉上開花似地笑了出來。

「你敲人了？」我壓低聲音，「什麼地方？總共幾個？」

「絕了，年輕人。我敲的東西還沒弄完呢？」他用比我更低的聲音說：「要不要看看，弄個清楚？」

我點點頭。

「靠過來一點？」他說。

我心裡緊張個半死，滿臉漲得通紅。半空中有一個我跳了出來，被榔頭敲得頭破血流，眼珠陷了進去。

精神病患……殺人魔王……假扮作家……

我看了一眼朋友們，他們頸子也漲得通紅，好像熟透的龍蝦。

安徒生掀開一塊蓋著的大黑布。

「自己看。」他朝旁邊退了一步說，「這是『月夜』，一個『畫面』。」

我渾身起了雞皮疙瘩，一張臉垮了下來。

「小木盒？」我說，聲音有點不像自己的了，尾音做作地上揚。

「裡面的沙子是做什麼的？」王老大問。

「沙洲啊。」安徒生的視線尖銳起來，「你要『想』，常常練習『幻想』，知道了沒？」

「這是小河。」他指著木盒裡石礫砂土中的一段小溝。「月夜，沙岸，河水流淌，很寧靜的景象。」

我揉了揉眼睛，疲憊不堪地聳聳肩。

「看了巴金的《月夜》，實在很有感覺。」他說，「昨夜睡不著，索性模擬文章中的景色，幫助自己看見。」

「榔頭敲的是木盒？」我說。

「還用榔頭把圖片釘在牆上。」他說。

我在一片混亂的長桌旁剛想轉身，他就把手搭在我的肩膀上。

「給我聽好，」他指著牆上的圖片說，「圖像能幫助你思考。懂嗎？」

我一臉茫然。

「來看《月夜》，看過就明白了。」

## 5

圓月慢慢地翻過山坡，把它的光芒射到了河邊。這一條小河橫臥在山腳下黑暗裡，一受到月光，就微微地顫動起來。水緩緩地流著，月光在水面上流動，就像要跟著水流到江裡去一樣。黑暗是一秒鐘一秒鐘地淡了，但是它還留下一個網。山啦，樹啦，河啦，田啦，房屋啦，都罩在它的網下面。月光是柔軟的，透不過網眼。

「寫得怎樣?很棒吧?」安徒生說。

「很好，非常好。」我心不在焉地回答，「真有感覺啊，安先生。」

「非常優雅。」王老大對我眨了眨眼，「大作，大作啊！」

安徒生吐了一口氣，手指在這段文字上滑來滑去。他叫我們看滿牆的圖片。

「這些是我從各個地方蒐集來的。」

「用榔頭釘圖片？」小尖頭問。

「有些是釘的，有些塗上黏膠。」他說，「我讓這些圖片在腦子裡組合，變形，然後寫出來。」

「像在電腦上修圖？」我說。

「勉強可以這麼說吧，有點像拼圖。這就是讓人發瘋的創作過程，」他說，「會死人的。」

我也要死了，而且在我十四歲的時候。要命！十四歲耶！聽這些幹什麼啊？

我把離我最近的一張圖片輕輕掀起，一閃之間，還以為它會蒸發。當然是沒有，也沒什麼特別的。

「這是照片？」

他點了點頭。

「作家會儲存各種圖片，照片啦、圖畫啦，明信片也是。」

「都是你收藏的？」我在每面牆壁前都轉了轉，沒有地方倖免於難，統統被或大或小的圖片遮蓋。「您把圖片當牆紙用了。」

「喔，這沒什麼，作家不能少圖片庫。」他對我咧嘴一笑。「你們很難想像吧？」

當然很難！

我應付著抿嘴一笑，心裡厭煩起來。寫作祕訣？誰有興趣？我的膀胱快憋不住了，要噴射了，待這裡真沒意思。

「反正呢，我覺得你們應該練習一下，不會吃虧的。」

「是不吃虧。」我看著牆上一幅肖像畫，呆站著恍神起來。

接下來呢？我默默自問，拍他的馬屁？鬱悶至極。

還沒等我想出答案，也沒等我做出一個不要臉的拍馬屁姿態，王老大湊了過來。

「這女人，」他對我擠了擠眼，「滿漂亮的。下面的簽名是lu，什麼人？」

老頭沒出聲，只是搖搖頭。

女人俏皮的翹下巴，長髮鬆散在肩上，手指點著嘴唇，笑得有點詭異。

不知為什麼，我感覺自己彷彿被推進她的眼睛，越陷越深。字母lu在我眼前燒炙閃耀，一種腥臭的海藻味飄在空中。我戰慄著噁心起來。

「我想吐，」我喃喃自語，「頭好暈。」

王老大拍拍我的肩膀，在我的耳邊說：「同學，裝得滿像，請繼續。」

誰裝？

我在心裡大叫著。

畫裡的女人太性感了：嘴唇厚而柔軟，又紅又亮；好像打扮得太早熟了。我知道了她的打扮為什麼顯得有點做作：塗珊瑚紅的指甲油未免太過刻意；斜戴在頭上的白色木耳邊仕女帽，讓她看起來就像海底的水母，大得滑稽。

我盯視著這張肖像，突然有電流閃過耳旁尖，竄進腦門，從眼窩迸發出來。

我彷彿喝了幾斤烈酒，渾身飄飄蕩蕩。

「她露門牙了！」我衝著畫大喊，聲調陌生得讓自己也嚇一跳。

「沒、沒有啊？」小尖頭看著肖像說。

「她的牙啊！你們沒看到嗎？」

「魯超鋒，你怎麼了？累了嗎？」王老大看看我，又看看肖像，

「你怎麼看得見牙？她闔著嘴。」

「是看見了。你們不信？」我手搭安徒生的肩膀，古怪地笑了起來。

「是牙啊。」我責怪地看了他們一眼，「人家的牙啊。」

我在說什麼啊！

「魯、魯超鋒，你幹嘛呢？」小尖頭說。

「還能幹嘛呢？」我安慰著朋友，「就陪著你，對吧？我知道你很害怕，我知道你很想回家。」

「是、是想回家。」小尖頭的聲音有點顫抖。

我的精神彷彿被吸進一個模糊溫暖的黑洞。

「嗯——」我低聲呻吟著，一陣電流又竄進腦門，穿過脊髓。

好溫暖啊，真是好溫暖啊！

我慢慢地把安徒生轉了過來，盯著他的眼睛。

也不知道為什麼，我的眼皮啪搭啪搭地扇著，意識好像在環遊外太空。

請告訴我，他為什麼這麼可愛？

我的嘴湊了過去，停止了呼吸，深深一吻。

巨大的吸吮聲鑽進耳窩。

四周響起裂帛般的尖叫聲。

6

「魯超鋒——」王老大的喊聲陰沉而嘹亮。

我渾身發抖，直直地向後倒去。

「壓住他！壓住他！」王老大說。

小尖頭撲了過來，壓在我的身上。

「中邪了！」小尖頭一隻手緊緊頂住我的下巴，讓我動彈不得。

「邪靈退散！老天爺！邪靈退散！」

我聽見自己上下顛抽的拍打聲，心神全然癱瘓。眼前的世界陷入痙攣，許多熾烈的光點飛閃而過。

「救護車！救護車！」安徒生的聲音變得很遙遠了。我艱難地吸氣，呼氣，再吸氣，再呼氣。救護車的警鈴聲，由遠而近傳了過來。我聽到一聲「超鋒」，就沉沉地睡了過去。

## 提示

1. 安徒生先生說，寫作最重要的祕訣：先（　　），再（　　）。
2. 安徒生先生說，寫作就是捕捉（　　）中的形象。
3. 作者與讀者是透過腦袋中的（　　）交流的。
4. 一個好的作家，就是一個好的？

A 廚師　B 導演　C 舞者

5. 作家的工作是？

A 幫助我們看見　B 幫助我們聽見　C 幫助我們聞見

6. 安徒生先生造了一個木盒，目的是？

A 看見一個畫面　B 打發時間　C 放置屍體

7. 安徒生先生說，（　）幫助他思考。

A 圖像　B 美女　C 小貓

## 答案

| | | | | | | |
|---|---|---|---|---|---|---|
| 1. 看見、寫作 | 2. 記憶 | 3. 畫面 | 4. B | 5. A | 6. A | 7. A |

# 現實鏈接一

## 安徒生的「心眼」

在故事裡，作家安徒生堅守暗室，每日創作。他說，只有在「腦子裡看清楚」了，才能寫得成功。這個「看清楚」的過程，就是打開「內心之眼」的過程，也是創造「意念中的形象」即「意象」的過程。安徒生每天都在鍛鍊自己「幻想的能力」，鼓勵一種「幻覺」。他告訴魯超鋒，作家的工作就是鍛鍊「心眼」與「幻想」。這種說法，確實很新鮮。

對我們來講，「胡思亂想」是偷懶的行為，鼓勵「幻覺」更是「罪大惡極」。回想起來，進入小學之後，幻想（看哪！小飛象飛起來了）的能力不被鼓勵，答題（甲午戰爭始於哪一年？水是怎麼變成水蒸氣

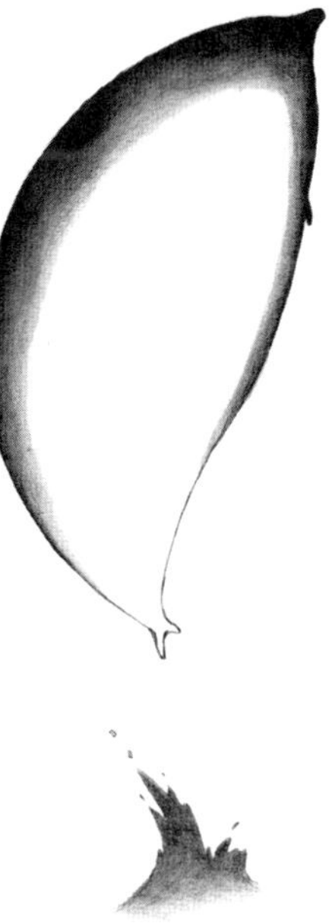

的？）的能力卻被強化了。我們很少停留在情景與情緒中，問問自己的感覺是什麼；我們以為「幻想」屬於混亂的思維，只能充當娛樂，登不得大雅之堂。

作文不是「背」出來的，是「激」出來。「心眼」本來就在那裡，我們要打開它、使用它、鍛鍊它，讓腦中畫面凝聚得更快、更豐富，然後排列、派生、變形。

下面是一些練習，請多做幾次。

## 一、打開「心眼」

### 1. 成功一半

寫作的祕密就在「心眼」。這種「在心裡面看見」的能力，就是想像力。當我們在寫「我的媽媽」的時候，心裡會浮現媽媽的臉：也許是她的髮型、她的眉毛，最後是她的眼睛。我們會在心裡回想、聚焦、勾勒媽媽的體形與輪廓，然後提起筆，像擰毛巾一樣，一點一滴寫出來。這個「回想」、「再現」、「擰毛巾」的過程，就是寫作的過程，也是一趟「心眼打開」的過程。

為了打開「心眼」，你的工作就是激發、引導、搖動自己；描述自己「腦中看到的東西」。做到這一點，寫作的訓練，已經成功一半了。

## 2. 暖身練習

對話一：

閉上眼睛，深呼吸。

想像一隻狗向你走來。

看到了嗎？那是多大的一隻狗？

什麼顏色？

牠戴著什麼項圈？身上有穿衣服嗎？

那隻狗跟你說話了，你覺得牠說了什麼？

對話二：

閉上眼睛，深呼吸。

那隻狗抬起前肢站起來了。

看到了嗎？牠站起來有多高了？

牠的肚子是什麼顏色？你還看到了什麼？

狗發出一道強光了，牠正在變身。你覺得牠會變身成什麼呢？

法老王？

那是一個什麼樣子的呢？從頭到腳描述一下？

對話三：

閉上眼睛，深呼吸。

那個法老王不見了，化成一道煙。

看到了嗎？那道煙有多寬了？試著比一比？

那道煙開始飄浮、飄浮，散開，又聚在一起。

煙把我們包圍了，孩子。它環繞著我們，發出嘶嘶的叫聲。

你看到我們被煙包圍了嗎？從上面看下去，被煙包圍的我們，是怎麼靠在一起的呢？從旁邊看過去，被煙包圍的我們，是什麼樣子？

你對我說了什麼呢？表情是什麼？描述一下？

## 二、觀察順序

### 1. 狗

當我的女兒描述一條狗的時候，她的語調幾乎都是很興奮的。她想什麼就說什麼，一點大小姐的優雅矜持都沒有，沾沾自喜。

「我知道！我知道！那隻小狗的毛是金色的！」

「而且很捲喔！像爆炸一樣捲起來！」她弟弟在旁邊大聲喊著。

「喔，爆炸啊，怎麼個爆炸法呢？」我輕輕嘆了一口氣，壓抑自己的不耐煩。

「炸啊！嘣！」兒子開始模擬爆炸狀，雙手朝空中投降似地舉起來。

「爆炸時狗就跳起來了。」女兒咧嘴，露出掉了一半的黑黑大乳牙。

我簡直沒辦法讓他們停下來，他們描述東西沒有什麼規律，天馬行空，胡謅亂扯。

文章是給人看的，要讓人看明白，就得在下筆前整理思路，分類、排序。我們必須有順序地描述對象，有層次地進行想像。

## 2. 頭

「寶寶，你看到那隻狗了嗎？」我對女兒的引導開始了。在這之前，不懷好意的兒子已被挾持到爸爸的書房裡。

「看到了，媽媽。」她睜大了眼睛。

「那是一隻什麼樣的狗呢？」

「嗯，黃色。很大的狗，比樂樂家的狗還大。」

「有多大呢？親愛的，你這樣跟我說實在很難聽懂。」

女兒的嘴嘟了起來。

「從『頭』來過好嗎？我的意思是，從狗的頭開始看起，再來看身體、尾巴，還有四隻腳。」

「你知道狗是四隻腳的吧？」我挑起眉毛，試探地望她一眼。

女兒朝我翻了個白眼。

「媽——咪——」她懂得我的意思，仰起下巴，聳了聳肩。

「從『頭』開始是嗎？幹嘛不從你的『頭』開始？」她盤腿坐了下來。

## 3. 建議

你要知道，教孩子寫作，實在是世界上最有成就感的事情之一。作為一個被小孩折磨的媽媽，我有一個實用建議。當你要「描述心裡想像的一條狗」的時候，帶著自己「由高到低地想」，「由裡到外地想」，「由上到下地想」，「由左到右地想」。讓狗的樣子在「心眼」裡再現，事情就容易多了。

**請試試下面的對話遊戲。**

對話一：

閉上眼睛，深呼吸。

想像一隻狗向你走來。

看到了嗎？那是多大的一隻狗？

牠的耳朵是高的還是低的？

牠的臉是大的還是小的？

牠的眼珠是什麼顏色？

牠的鼻子是尖的還是扁的？

你的鼻尖頂到牠的鼻尖，有什麼感覺？濕不濕？

牠戴著什麼項圈？項圈是鬆的還是緊的？上面有什麼裝飾？

牠身上有穿衣服嗎？什麼樣子的衣服？

牠的腿是長的還是短的？腳掌是厚的還是薄的？

牠的尾巴是下垂的還是高舉的？

對話二：

閉上眼睛，深呼吸。

那隻狗嘴巴張開了，你走進去了，不要張開眼睛。

順著狗的舌頭，你滑了下去。

說說看，坐在舌頭上是什麼感覺？牠的牙齒有沒有味兒？
你滑進去了，牠正在吞口水。你看到什麼？
往左邊看，你看到什麼東西？
往中間看，你看到什麼東西？
往右邊看，你看到什麼東西？
往上面看，你看到什麼東西？
往下面看，你看到什麼東西？
牠深吸一口氣，像彈簧床一樣把你彈了起來。
撞到左邊了，你感覺到什麼？
撞到上面了，你感覺到什麼？
撞到右邊了，你感覺到什麼？
跌到底下去了，你感覺到什麼？

對話三：

閉上眼睛，深呼吸。

狗把你從牠的喉嚨裡噴出來了。

你彈在半空中，低頭看牠的大嘴巴。

從最高的地方看下去，牠的喉嚨是什麼顏色？

你跌下去了，四目相對，牠的眼睛是什麼顏色？

## 三、結語

恭喜你！打開心眼的練習已經完成了！

讓我們把故事看下去，看看魯超鋒又發生什麼事，安徒生會多說點什麼，帶給我們什麼啟示。

繼續前進！

# 配色

## 1

我醒來的時候，正在被人翻過身——還好穿著內褲，至少不是裸體。空氣裡瀰漫著濃濃的藥水味。呼吸器嗡嗡嚶嚶的低頻音，從半空中漂浮過來。

我把眼皮撐開最細的一條縫，上面好亮，一個光點，兩個光點，後腦勺沉沉陷入枕頭裡，感覺恍恍惚惚。

翻回身的時候，推著我的兩條手臂突然鬆了。我重重跌回床板上，撞痛了背脊。

「頭還暈嗎？」護士問。

護士帽在燈下白得刺眼。我麻痺感減輕，太陽穴一跳一跳的。

我弓起身，深吸一口氣。

「白馬王子醒了，公主在哪裡？」王老大俯瞰我，眨巴著眼睛。

我用力翻了個白眼，生怕他沒看清楚。

「觸感好不好？魯超鋒？有沒有帶著什麼味？」

「笑什麼笑，沒禮貌。」

「剛跟你娘聊了很久，拚了老命，終於讓她相信我們不是小偷。」

「那很好啊，還有嗎？你這表情什麼意思？」

「她去找心輔老師。」

「心輔老師？」

「你媽覺得你有心理問題，驚嚇過度什麼的。」

「是，同學，她早覺得我有病，大大有病。」

「她想讓你檢查一遍，要徹底。」

「她巴不得，我瞭。」

王老大斜靠在牆上，領口露出鮮肉色內衣。我不禁想，來了多久？一天？半天？見縫插針，遇洞灌水，這傢伙逃學逃成仙了。

「跟你娘說清楚，你只是好玩，鬧一鬧而已，精神毫無問題。」

「怎麼說？剖開腦子？說得容易！」

「我理解你媽，魯超鋒。」王老大拍拍我的被子，「事情搞成這樣，已經不是我們說了算了。即使老頭不追究，你那天還是發癲，超級詭異。」

「是很怪異。」我說。

「同學，就怕有病。」

王老大盯住我，用手把我的下巴抬了起來。

「要不要做個檢查——腦波鑑定什麼的，全套。也許，找心理醫生聊一聊？我是說，要是你真有病……」

「夠了喔？」

「你必須做點什麼，讓你娘放心。也不痛囉？不就檢查嗎？有什麼了不起？」

我有點被說動了。「有理。」

「快點搞定。」王老大聳聳肩。

「大家等你歸隊，急得要死。」他歪嘴一笑。

「嘿啦，」我說，「我出院，放鞭炮啦，記得拉紅布條——『打怪有功，載譽歸國』。」

我們放聲大笑。

## 2

半夜醒來，肚子餓了很久。

我一動不動地躺在病床上，望著天花板被風吹動的樹影，下腹突然一陣抽痛。

「媽，」我試著找人，「媽？」

沒有回答。

翻身下床，我走到門前，朝醫院走廊張望。

幾盞燈還沒有滅。深處空蕩蕩地，除了幾排塑料椅，什麼也沒有。

一點鐘？還是兩點？

幾輛輪椅歪七扭八停在牆邊，像博物館裡的水牛標本，一動也不動。

王老大下午離開，夜已深了。窗外一片死寂，到處黑魆魆地。

風從走廊深處吹了過來，腳底板一陣冰冷。我讓左右腳輪流去踏小腿肚，讓身體暖和起來。

呼吸器的吸唧聲在走廊迴盪，氣氛死寂淒涼。

我的心撲通一跳。

有人在看我。

我很確定有人在看我。

我望著走廊深處的一扇玻璃窗，眼睛瞇了起來。

在那盡頭，窗戶關得嚴嚴實實。

退回病房，我關上門，用力搖頭——幾乎要——是的——幾乎要——恍惚迷亂，就像在安徒生老宅一樣，那是一種被控制的感覺，非常強烈。

我把門打開一條縫，往窗邊看去，汗毛豎了起來。

她從窗外冒了出來，一臉慘白。輪廓像霧一般地聚攏、蒸騰，又模糊、潰散。

一陣電流蔓延到了頭頂心，我被催眠似地，動彈不得。

「誰？」我喊了一聲，脊椎酥麻，渾身癱軟。

「記得我嗎？」

她在我腦裡輕聲發問，眼皮緩慢閉上，又慢慢掀了起來。

我敏感的神經「喀嚓！」一聲斷了，雙腳再也支撐不住，身體一軟，「咚！」地跌倒在地。

為什麼似曾相識？鮮紅的嘴唇，黑霧般的頭髮，詭異的笑。

我恍然大悟。

這笑容在安徒生老宅裡看到過，是牆上那幅肖像畫？

我的嘴唇顫抖，想放聲大哭。

「記得嗎？」

她噴出一團團凝凍的白氣，身形像一窩蛇扭曲、翻騰、蜿蜒、浮動。

呼吸困難起來，我用力甩了甩頭。

她扭動。通體雪白，身形一起一伏，似蛇倏忽乍現，蠕動推進。我的恐懼像海嘯般翻湧，腦子裡的尖叫聲迴旋震盪，心神俱裂。

「咿——」

她逼近，颳起一陣冰冷的旋風，輪廓一片模糊，只剩一片魚肚白。

「咿——」

她朝我伸出手來，半透明水銀般的手臂緩緩湊近眼睛。

我的意識登時凝固了，雙手抱頭，身體弓起。

「她來了。」

我說，沒骨頭似地倒了下去，意識「啪！」地折斷。

## 3

沒預料會有訪客，是心理醫生。我沒有邀請過他。

「看到一個女人？」心理醫生像酗酒的聖誕老公公，半睜著眼睛問我。

我欲言又止。

「什麼樣的女人？能記得更清楚嗎？再想想？」

「嗯。」我看著他耷拉的眼皮，皺了皺眉頭。

「你頭還暈嗎？」他指指自己的太陽穴，「痛不痛？」

「還好。」

「我看過腦波圖，沒什麼問題，只是情緒不太穩定。」他挪了挪屁股，打了個嗝。

「說說看那女人的樣子。」

我嘆了口氣，說：「說不上來，記不清了。」

「兩次遇到她，你都昏倒了？」

「那是被嚇的。她跟鬼一樣，非常恐怖。」

「你不認識她，對吧？」

我點點頭。

「也許有些特徵像你認識的人，比如說……」

「喔——」我想了一會兒，認真地搖搖頭。「沒有。」

「她對你說了什麼？做了什麼？」

我想到那道鮮紅的嘴唇，不安地挪了挪身體。

「沒有，沒什麼，就是嘟噥了一下。」

「嘟噥了一下？什麼樣的嘟噥呢？」

「咿——」我說，攏了攏前額的頭髮。「她說『咿』，一聲『咿』。」

「『咿』？」

我不再回答。

他在病歷卡上寫了點東西。

「你現在能看見她的臉嗎？能聽到她的聲音嗎？」他說，「試著在心裡叫她，看她能不能出現。」

「不要！」我說。

「我不要！」我撇過頭，眼前一陣發熱。

「好的，魯超鋒。」他淡然一笑，臉上像罩了一層蠟做的面具。

「結束了吧？」我說。

「結束。」他用筆敲了敲病歷卡表。

4

「他沒什麼毛病。這是『暫時性思覺失調』，沒什麼大問題。」心理醫生說。

「思覺失調？」我媽尖叫，「那怎麼辦？要怎麼治？」她捂住嘴巴，幾乎要哭了出來。

「這些幻覺跟聽覺，只是精神融入以致失去理智的短暫行為，跟夢遊一樣，不用特別擔心。」醫生問：「他最近受過什麼刺激？」

我和媽交換了一個眼神。

「我摸進一間老房子。」我小心翼翼地說，「被宅主追打。」

「喔，這有點意思。」醫生挺腰，豎直背脊。「對大腦來講，那是很大的突變。這突變擠壓大腦迴路，產生畸形，就像車子開錯了路，激發幻覺跟幻聽。」

「問題就在這裡，你被嚇到了。」醫生掀起耷拉的眼皮看看我，又看看我媽。「我有一個中肯的建議──他一定要做。」

「會的，醫生。」我媽用力地點頭。

「回去找宅主，」醫生說，「試試『澄清』。」

「『澄清』是一種心理康復模式，又叫『真相揭露』或『事實回溯』，能讓受驚嚇的人恢復過來。可以試試。」醫生用筆尖點了點病歷卡。

「再回去？」我說。

「跟宅主聊聊，瞭解他是一個什麼樣的人，他做了什麼事，對你做了什麼事，重新看待你跟他的關係。」醫生嘴角微微一翹。

「再見一面？」我說。

「重新『看見』。」醫生對我深深一笑。

# 5

站在安徒生老宅前，我一動也不動。

澆花水槍歪歪斜斜地掛在鐵柵上，地面濕漉漉的。

太陽從西邊破敗的磚牆間斜射過來，拉出一個長長的投影，安徒生的投影。

看著他用鐵鍬挖泥土，我煩悶起來。

又是這裡，該死！

挖屍坑吧？怪人一枚。

不行，振作，不要亂想。

醫生說重新「看見」，所以我回到這裡，對吧？

安徒生挖了一會兒土，停下來，在端詳什麼。

我嘆了口氣。

他轉過身子，看了過來。

他戴著小圓眼鏡，圓臉上透著沉思的表情，一綹頭髮往左邊掉了下去，露出又高又圓的額頭，眼睛裡滿是血絲。

「你又來了。」他放下鐵鍬，提了提腰帶。

「是的。」我讓自己盡量吐字清晰，「打擾了，我來看您，真是抱歉。」

「戶口要不要遷過來？」他像肉店屠夫慢慢走來，輕輕抵住鐵門。

「同黨呢？」

「嗯……他們不需要來……」

「不需要來？」他說，「你就需要？上次你是怎麼回事？」

「我病了。」

「病了？」

「心理醫生說我是『暫時性思覺失調』。」我略帶遲疑地回答。

「什麼『暫時性思覺失調』？」

「我也不清楚。」我說，「總之有點反常——失神、想吐、煩躁、產生幻覺。」

「聽起來像懷孕，年輕人。」他說。

「懷、懷孕？」我壓抑住羞愧的情緒。「不要鬧了！你以為我願意？」

「好啦！好啦！總之你生病嘛，對吧？」他伸手捻了捻耳垂。「生病就生病，干我什麼事？一直找我，你以為我天上聖母？」

死胳肢窩老頭！

我右手攢緊左手。

「我得換衣服了，還得洗洗。」他看看自己衣袖、褲腿上的污泥，從褲子臀袋裡掏出手帕抹抹臉，提起鐵鍬往門廊走去。

我把鐵門推開，讓自己又一次踏進這個院子。

「不走？」他回過頭來說。

我微微一笑，耳朵熱得發脹。

「不走就進來。」他沉吟片刻，搖搖頭。「別期待太多。我們聊聊。」他站在門廊裡說，「小心『配色』。」他說：「在你腳底。」尾音模糊地飄在空氣裡。

我深吸一口氣。

腳底？

我垂下頭，愣一愣。

泥地畫了很多方格子。每個格子裡分別寫著顏色——紅、綠、金、黑——歪歪扭扭，非常潦草。

上面散著挖掘後的零碎小東西：碎石、草梗、幾瓣破損潮濕的果皮、乾枯的咖啡色銀杏葉，還有鞋印。那顯然是安徒生留下的，我深吸一口氣。

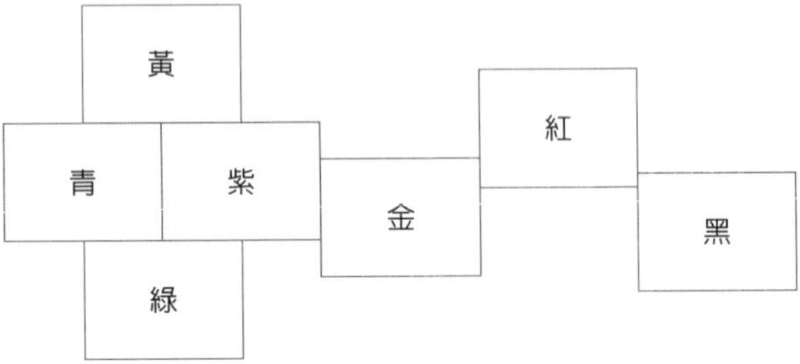


配色？什麼東西？

我跨過格子，快步向前。

院子裡的蟲叫聲，突然嘹亮起來。

## 6

我在門口站住了，客廳裡沒人。我的目光從客廳移到樓梯下的一團黑色身影，老頭蹲在那裡，姿勢怪異。

「先生？」我說。

我走過去，見他身體蜷得穿山甲似的。

「該死，到底是哪種青色？」他呢喃著，凝視著面前的一張稿紙。「亮藍？藍紫？還是靛青？」

他回頭瞥了我一眼。

「我愛這幅『畫面』，」他說，「但『青磚』是什麼樣的『青』？暗黑青？還是靛青？」

我搖搖頭，像隻落水狗似地抖了抖肩膀。

那張稿紙被釘在樓梯下的牆面上，要蹲下來才能看清其中的文字，是用鉛筆字寫的。

堂屋裡暗著，門的上端的玻璃格子裡透進兩方黃色的燈光，落在青磚地上。朦朧中可以看見堂屋裡順著牆高高下下堆著一排書箱，紫檀匣子，刻著綠泥款式。正中天然几上，玻璃罩子裡，擱著琺瑯自鳴鐘，機括早壞了，停了多年。兩旁垂著朱紅對聯，閃著金色壽字團花，一朵花托住一個墨汁淋漓的大字。在微光裡，一個個的字都像浮在半空中，離著紙老遠。

我皺起眉頭。

「這誰寫的？」

他不理睬我的問題，像是裝著沒有聽見。

「你瞎了嗎？魯超鋒，你沒看見顏色？『畫面』的顏色？」

「先、先生，請您不要那麼激動。」

他的眼睛野獸似的，閃閃發光。

「你看到黃色了嗎？」他的手滑過文字，手抖得像生鏽的彈簧，指甲縫裡有黑色泥土。

「那是雞蛋般朦朧的黃色，真是太美麗了！不管在什麼時候，朦朧的黃色都會給人溫暖的感覺，一種模糊的包圍感。」

「安老先生？」我扭了扭腰。

「看看畫面裡的墨汁！」他衝著我大喊，「那是浮在金色底子上的啊！」

他抓住我下垂的雙手，緊緊捏著。

「魯超鋒，這是張愛玲《傾城之戀》中的『畫面』哪！嘖嘖，多美的配色！」

我尷尬一笑，朝他眨了眨眼。

「我的天！好濃的暗色調！」他一隻手抓住自己胸口，一隻手在我的手臂使勁用力。「黑色與金色的搭配是不會出錯的！」

「哪來這麼多顏色？」我說，「什麼也沒看到。」

他笑了起來，笑得讓人無法防備，非常意外。

「我經常從句子裡看見顏色。」他說。

「一個好的作家，懂得在句子裡塗上顏色。」他齜牙咧嘴扮了個鬼臉，「明不明白？」

我用力抽回被他緊握著的手，敷衍地點了點頭。

「句子裡的顏色不止一個。前面的詞，會被後面的詞修正、充實、上色；前面的句子，會被後面的句子修正、充實、上色。圖像一個接著一個，顏色是一筆一筆疊出來的。非常漂亮。」他說。

「比如說，這段就是？」我問，安徒生點點頭。

「你先是覺得暗，黃色的燈光透進來，你看見了青磚，接著看到了紫檀匣子。」他說。

我閉上眼睛，皺著眉頭想像。

「很快地，你就看到靠牆居中擺著一張天然几，上面有一座停止計時的琺瑯自鳴鐘。」他頓了頓，似乎在等我陷入那個畫面。「最後你會看到對聯的顏色，朱紅，燙金，飽滿的墨汁。」

我清了清嗓子，「好濃的墨汁啊！這是浮在金色底子上的啊！」

他笑了笑，手搭上我的肩膀，掙扎著站了起來。

「聽懂了沒？配色是需要學問的。」他說

我眨了眨眼，吞了吞口水。

「暗色調與亮色調，濃與淡，幾種顏色在畫面的上比例與分布……」他指指釘在牆上的文字，「好好看，好好欣賞作者腦中的配色。」

## 7

他的腦袋歪向一邊，像被什麼人用力擰了一下，眼眶不知怎麼居然鑲上一圈紅色。

我疑惑地看著老頭。

「很多人並不瞭解，」他背著雙手說，「句子裡的顏色是搭配設計過的。」

「作家也是設計師？」

「一個好的作家，對別人的知覺非常敏感。」

「知覺？」

他不耐煩地揮了揮手。

「比較亮的顏色，會讓人興奮；比較暗的顏色，會讓人情緒低落。要瞭解顏色引起的情緒反射。一個好的作家，能操控讀者的感覺，比如讓你從文字所傳達的顏色中，感覺刺激，感覺放鬆，感覺緊張。」

「操控？」我格格笑了起來，「真的假的？」

「真的。」他犀利地看著我，「作家知道你會看到什麼，感覺到什麼，不騙你。」

他從到窗台拿起一本摘抄本，叫我看巴金〈秋〉中的一段文字。

覺民站起來。他不去點燈。他咬著嘴唇默默地在房裡踱了幾步。月光把他的眼光引到窗外。那裡是一個潔白、安靜的境界。芍藥，月季，茶花，珠蘭和桂樹靜靜地立在清輝下，把它們的影子投在畫面似的銀白的土地上。他的眼光再往屋內移動。掛著白紗窗帷的玻璃窗非常明亮。覺新的上半身的黑影彷彿就嵌在玻璃上面。他垂著頭，神情十分頹喪，坐在那裡。

「白色的花園，白色的窗簾，透明的玻璃，然後一個剪影。」他說。

「看到了。」我說，「沒有什麼顏色，只是黑白。」

「你再看看，再想想，就像你在看黑白調子的水墨畫時，腦子裡呈現的不只是黑白。」他用單臂攏住我，引我走進陽台。「黑有層次變化，即墨分五彩，這個以後再說。」

我能感覺到他硬梆梆的肋骨，板直僵硬的身體，體溫卻熱得發燙。

「你看下面這個小院子：泥土、花朵、亂草，它們顏色的對比，紅色跟綠色……」他說，「想像一下，魯超鋒！下雨天，在院子裡，一個小女孩跨泥溝，不小心腿上搭上一大片泥。」

「把你的目光集中在她的小腿上，畫面拉近，再拉近。看到沒？白晢得像剛從土裡挖出來的竹筍尖，被刷上一大片黑泥。你看看那個黑，是不是因為有了白變得更黑了？再看看那個白，是不是因為有了黑而顯得更白了？」

「好像是耶，」我咕噥著，抓了抓頭髮。「是更白了。」

「當一個黑點出現在白紙上的時候，黑點就會成為焦點。」他說。

「會很明顯。」我隨便應了一句。

「是的，在視覺上很明顯。」他微微一笑，「現在想想，配色也不那麼複雜了，是不是？」

我點點頭，又搖搖頭。

「魯超鋒，試試反差很大的顏色放在一起，再試試反差很小的顏色放在一起。」他說。

「反差很小的顏色，比如銀色跟灰白色？」我說。

「開竅了？嗯？」他說。

「別取笑我了。」我好像要流鼻涕了，摸了摸褲袋，確認自己有沒有帶了面紙。

「我們做個練習。」他朝我拋了個媚眼，「我喜歡跟聰明人一起玩遊戲。」

8

壁爐大得不成比例，佔了所在牆面的三分之一。百葉窗蓋得嚴嚴實實，聞得到一股煙塵味。我感覺壓抑、陰暗。

天哪！像在陰森森的墓穴。我的話到了嘴邊，想了一想，又吞了回去。

他沒有開燈，只顧窸窸窣窣地找東西。

「大概就這些了。」他說，「有些題目太難，肯定不是你的智商能處理的，你也清楚。」

清楚個頭啦！

「年輕人，哪一題先？」他揚一揚手中的兩個信封。

「那個？」我指了指左邊一個信封。

「非常好。」他說。

我用近乎嫌惡的眼神看著那個信封，把一張字紙抽了出來。

> 葉子轉黃，羊齒植物變成鐵鏽色。栗子爆殼而出，鬼影般的霧翻滾於每一個山谷，擋住微弱的陽光。蛞蝓爬過，留下銀白色的痕跡，地上留下點點小坑，惆悵感油然而生。
>
> ——*Claude Michelet*

我瞥了一眼，沒有什麼興趣。

「很多植物，有蛞蝓，有煙霧。」我說，「也許是太陽剛升起的時候？」

「魯超峰，內行看配色，看作者意念中的配色。」他說。

「好吧，你要我怎麼做？」我說。

他拿出一疊印有各種顏色及其名稱的卡片。

「這是色卡，研究配色的工具。」他說。

「喔，」我看看色卡，再看看字紙，「看作者腦中的配色，太難了吧？」

「有點耐心，年輕人，閉上眼睛，讓這段文字裡的畫面在腦海浮現。」他說，「『羊齒植物變成鐵鏽色』，這鐵鏽色是深紅，接近於咖啡色。」

「栗子是咖啡色，我想沒有問題。」我伸手去拿咖啡色的色卡。

「栗子爆殼而出，」他乾巴巴地笑了兩聲，「那是乳白色。」

「你的意思是，乳白色配上煙霧的灰白色？」我抬頭看了他一眼。

「白色不只是白色。這個作家從乳白、灰白、閃亮的銀白，拉出許多層次。」他說。

「蛞蝓的足跡像蛋清一樣？」我說。

「配色，」他慢慢地說，「不是對比，就是調和。」

「要想成功創造畫面，配色的技巧一定得熟練。」他抽出乳白、灰白、銀白三張色卡。「這幾張送你。」

我格格傻笑著，低頭看錶，十六點五十分。我忽然想到方文山，就是幫周杰倫寫歌詞的方文山。方文山有一次在電視節目裡說，寫歌詞要先想畫面。這跟老頭說的「畫面」是一個意思吧？

「寫作是創造一種『圖像』，一種誘人並勾起你幻想的『畫面』。」

他傾身向前，向我投來鼓勵地目光，用食指在空中畫了幾個圈。

「喔。」我打起精神，敷衍地笑了笑。

「小朋友，繼續，」他正視著我，眼球裡布滿血絲。「再拿一個信封。繼續——」他說。

我擼了擼頭髮，深吸一口氣，用力一抽，將第二個信封的紙抽了出來。

> 在遠端是一座白色桃紅邊的房子，大概有十幾個穀倉那麼長，周圍堆滿了鬆軟的乾草。這廉價的鄉村建築上大約每隔十英尺便插著一面國旗，在晚風中招展著。房子裡窗簾下面的垂飾都是小國旗，上面用亮藍色顏料寫著：「北方各縣博覽會」。
>
> （史蒂芬・金《手機》）

「這題滿容易。」我用指尖彈了彈字紙。

「怎麼說？」他雙手合十，興味非常地望著我。

「用紅色給白色房屋鑲邊，周圍堆著棕色乾草，小國旗上面有亮藍色的字。」我選出四張色卡，沉吟了一會兒。「亮藍色是畫龍點睛，是不是？」

他對我微微一笑，好像隱含著什麼祕密。

「有——」他故意拉長聲音，「有——道——理——」

我抖了一下，向內縮了縮身體。

「說吧，年輕人，」他的聲音低了下來，細微得有如嗡嗡低鳴。「繼續，多說一點，我想聽。」

我渾身冰凍，毛髮直豎，說不出感覺到了什麼。

他咧嘴笑了，紅色牙肉露了出來。

「嗯，配色，旗子上面的字是亮藍色的，那麼旗子的底子是什麼顏色呢？」

「好——非常好——」他把一隻手放在唇前，輕輕比了個蓮花指。

「反差最大的是互補色，反差最小的是相鄰色。」他的食指輕輕滑過人中，放在唇前，做了個蓮花指。「藍色與橙色互補，橙色與黃色、紅色相鄰。想突出藍色，用橙色或紅色或黃色做底子都可以。」

「安、安先生？怎、怎麼了？」

「沒怎麼啊？一起做練習真有趣！」他對我眨了眨眼。「我們應當繼續，莫要辜負光陰——」

我笑了起來，笑得像隻瞎眼的蝙蝠。

他要神經沒問題，我生兒子沒屁眼。

我把紙放回信封裡，看他把第三個信封推過來。

9

這個信封，封面鼓鼓起的，積著厚厚的灰塵，擺了很久似的。

我把它平平舉到唇邊，吹了一下，灰塵像雪花似地散開了。

我用力一抽，將紙抽了出來。

那是一張舊報紙，紙質有點脆了。

我把報紙攤開，一張照片掉了下去。趁它還沒掉到地板上，我一把捉住，飛快掃了一眼照片裡的人，有點眼熟？

想也沒想，我把照片推向桌緣，把報紙用力推推平，瀏覽紙上標題。其中內容，不過是久遠年代的紀事而已。

法國文學騎士動章……為安徒生授動……

我呆笑著，心想，安老頭來頭不小。

我用手摩了摩舊報紙，下面空白處有用紅色圓珠筆重重寫的一個字：

我咕嚕一聲嚥下口水。ㄕㄚ？殺人的殺？

我抬頭看了安徒生一眼，他臉上沒有表情。

照片裡的人淺笑吟吟，上揚的嘴角似乎藏著什麼祕密。

黑色長髮，白色身體，蛇一樣蠕動推進的身軀。她看到我了，她知道我了。

我聞到唾液裡的味道，渾身毛髮觸電似地豎了起來。恐懼潮水般湧過來，幾乎把我淹沒。

那個女人的面容陡然浮現，蔓延我的全部感官。一種難以言喻的海草味，一種海底的濕潤香氣，彷彿來自天啟。

是她！

我站了起來，向後撞開椅背。

照片裡的人是她！

我在心裡尖叫著。

牆壁上的女人肖像！

我眼睛凸了出來，嘴巴張得很大，聲音卻被石頭堵住似地發不出來。

安老頭和我面面相覷，夕陽把他的頭髮染成金色。

他看著我點點頭。

「殺——」他輕聲說，「孩子，殺——」

他顫巍巍地站起來，唾沫四濺，眼神空洞深邃。

「不要過來！」我後退，尖叫起來。「你不要過來！」

如箭一般，我衝向門口，再也不回頭。

## 提示

1. 一個好的作家懂得把人的（　）調動起來。
2. 每一個字眼或句子，會被（　）字眼和句子修正與上色。
3. 好的作家對人的（　）非常敏感。
4. 畫面的配色，如果不是（　），就是（　）。
5. 方文山說，寫歌詞要先想（　）。
6. 寫作是創造一種（　），一種具有誘惑力並勾起知覺的（　）。

## 答案

| | | | | | |
|---|---|---|---|---|---|
| 1. 感官 | 2. 下一個 | 3. 知覺 | 4. 並置、對比 | 5. 畫面 | 6. 圖像、畫面 |

# 現實鏈接二

## 為心眼所見「上色」

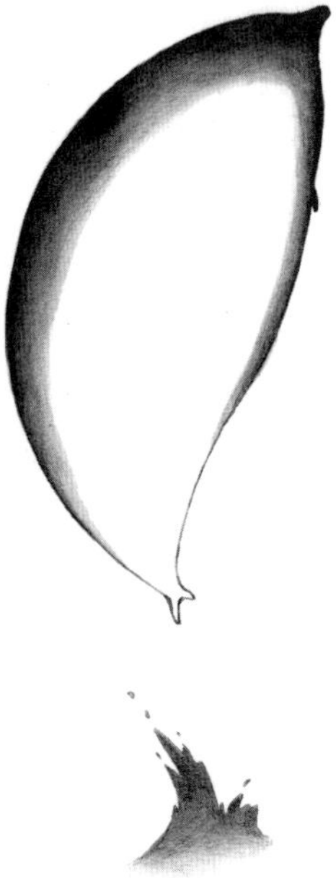

### 一、瞬間

女兒能從數百公尺遠的距離，認出粉紅色的鞋子、桃紅色的蓬蓬裙、淡粉紅的凱蒂貓上衣、櫻桃色的小水壺。粉紅色彷彿有召喚能力，從很遠的地方吸引她的注意。她說粉紅色有「魔力」，距離再遠，她也能「看得到」，「找得到」，「感應得到」，簡直神蹟。我告訴她，要媽媽再買「粉紅色的東西」，只能求助上帝。時至今日，她不輕言放棄。

在日常生活裡，我們對顏色的領略是瞬間完成的，顏色的感染力很直接，易於觀看。挺拔高聳的白樺樹，酒紅色的小洋裝，黑紅黃綠的顏色，都足以引發情緒，激發感情。高飽和度、波長很長的色彩，能讓人產生興奮感；低飽和度、波長很短的色彩，讓人感覺抑鬱。

看見東西的顏色，對大多數人來講，都不費吹灰之力。但是，看見文章裡的顏色，似乎沒那麼容易。

## 二、畫廊

我的學生告訴我，看出文章裡的顏色，是件很痛苦的事情。

「怎麼會？」我的尾音有點不自然地上揚。

「情、人、的、眼、淚、如、鮮、血，」我唸得很慢。

「鮮血，」我頓了頓，「紅色啊！怎麼會看不見？」

幾個詞組成一個句子，幾個句子組成一個段落，在文字組合中呈現「畫面」。每一個詞會被下一個詞修正與上色，每一個句子會被下一個句子修正與上色。看見句子裡的顏色與看見畫裡的顏色，完全是兩回事。畫的顏色被瞬間呈現，瞬間接收，瞬間感受或理解。文字的顏色，要順著字眼，邊讀，邊想，才能浮現。

我們不妨想像自己的腦子裡有一畫廊，讀到「葉子轉黃」，「羊齒植物變成鐵鏽色」，「栗子爆殼而出」，腦中就會逐一浮現相應的畫面及其配色。

這過程是一種「映像」能力。瞬間浮現句子中的畫面與色彩，需要訓練。

要引導自己喚起第一個句子的畫面，喚起第二個句子的畫面，喚起第三個、第四個……鼓勵自己將這些腦中畫面匯成一個整體，集中喚起一種情緒或感覺。

## 三、示範

以彭見明〈那人那山那狗〉為範例

葛藤坪有一片高低不等的黑色和灰色的屋頂，門前有一條小溪。小溪這邊菜田裡，有人在暮色裡揮舞鋤頭，弓著腰爭搶那快去的光陰。黃狗又跑到一個穿紅花衣服的女子身邊停下來，不走了，高興地在她身邊轉著。

引導對話

閉上眼睛，深呼吸。

葛藤坪有一片高低不等的黑色和灰色的屋頂。我們停一停，看看清楚。

（停頓，等待。）

黑色的屋頂多一些，還是灰色的屋頂多一些？

（停頓，等待。）

把你的手掌張開，舉高，兩個虎口張開，相對。

告訴我，那片房屋有多寬？比畫給我看。

（停頓，等待。）

門前有條小溪。告訴我，小溪怎麼繞過房子的？用手比畫一下。

（停頓，等待。）

田地上有人揮舞鋤頭。看見了嗎？告訴我，那個人穿著什麼樣的衣服？短袖還是長袖？褲管是肥的還是窄的？褲腳有沒有捲起來？

（停頓，等待。）

好，我也看見了。太陽已經下山了呢！那人拉出的陰影好長啊！

不要睜開眼睛，我們繼續看。

一隻黃狗跑過來了。那是一隻什麼樣的狗呢？大還是小？長毛還是短毛？

（停頓，等待。）

牠黃色的毛，是暗黃、亮黃、灰黃，還是什麼樣特別的黃色呢？

（停頓，等待。）

快看完了！忍耐，不要睜開眼睛！

黃狗跑到一個穿紅花衣服的女孩身邊停下來。告訴我，那女孩是長髮還是短髮？穿長褲還是裙子？她笑了嗎？臉上什麼表情？

（停頓，等待。）

同學，最後我們一起數數畫面裡有幾種顏色好嗎？

以辛西婭．沃伊特《閣樓裡的祕密》為範例

客廳的窗戶正對著大宅前面的草坪，廳裡擺著一些細腿桌椅，還有一張大大的黑色馬鬃毛沙發。雕花的木質壁爐架上方，掛著一幅油畫，畫的是一個小女孩和一個小男孩。一架小型立式鋼琴擺在客廳的一角，鋼琴上放著一沓樂譜。

## 引導對話

閉上眼睛，深呼吸。

這段文字在描述一個客廳。我們站在門口，往客廳裡看，看清楚。

（停頓，等待。）

看到那大窗戶了嗎？窗框塗成什麼顏色？有沒有窗簾？

（停頓，等待。）

把你的手掌張開，舉高，兩個虎口張開，相對。

告訴我，那窗戶有多寬？比畫給我看。

（停頓，等待。）

廳裡擺著一些細腿桌椅，還有一張大大的黑色馬鬃毛沙發。

告訴我，那些細腿桌椅離你有多遠？那張大大的黑色馬鬃毛沙發是在右邊還是左邊？

（停頓，等待。）

壁爐架上方掛著一幅油畫，畫的是一個小女孩和一個小男孩。

告訴我，他倆穿著什麼樣的衣服？短袖還是長袖？領口什麼樣子？小女孩頭髮有沒有梳起來？

（停頓，等待。）

好，我也看見了，小女孩梳了兩條辮子呢。

不要睜開眼睛，我們繼續。客廳一角的那架鋼琴，是黑、亮黑、白，還是什麼樣特別的顏色呢？

（停頓，等待。）

最後，我們一起數數廳裡與窗外總共有多少顏色好嗎？

（停頓，等待。）

好了！練習完成。請睜開眼睛！

以羅爾德．達爾《查理和巧克力工廠》為範例

查理環顧他現在進來的巨大房間，這地方像一個女巫的廚房。在他的四周，許多黑色金屬鍋正在大灶上沸騰得噗響，水壺在嘶嘶響，平底鍋在吱吱響，奇怪的鐵機器在噹啷噹啷、劈哩啪啦響。天花板和四面牆上布滿管子，整個房間瀰漫著煙霧和蒸汽，以及濃郁的香氣。

旺卡先生似乎變得比先前更興奮。他在深底鍋之間跳來跳去，掀開一個大鍋的蓋子聞聞，接著衝過去把一根手指伸進一桶黃色黏液，再把手指拿出來嘗嘗味道。接著他跑到另一部機器那裡，這是一個發亮的小玩意，不斷發出啪啪啪啪的聲音。每發出

啪一聲，一粒綠色的大石頭彈子就落到地上的籃子裡。

## 引導對話

閉上眼睛，深呼吸。

這段文字在描述一個巨大房間。我們站在門口，往裡看，看清楚。房間裡很吵，鍋子、水壺、機器等各自發出不同的聲音。你能區分那些聲音嗎？哪個東西發出的聲音更大一點？

（停頓，等待。）

告訴我，那些黑色的鍋子有多大？比畫給我看。

（停頓，等待。）

天花板和牆上的那些管子是粗的還是細的？管子在天花板多些還是牆面上多一些？

（停頓，等待。）

旺卡先生把一根手指伸進一桶黃色黏液，再把手指拿出來嘗嘗味道。

告訴我，那桶黏液是深黃還是淺黃？很黏嗎？

（停頓，等待。）

我也覺得它像麥芽糖，你想嘗嘗嗎？

不要睜開眼睛，我們繼續看。

發亮的小玩意每發出啪一聲，一粒綠色的大石頭彈子就落到地上的籃子裡。

我們靠近一點，看看彈子的顏色，是深綠、亮綠、草綠，還是其他什麼綠呢？

（停頓，等待。）

快看完了！我們一起數數畫面裡有多少顏色好嗎？

（停頓，等待。）

好了！練習完成。請睜開眼睛！

## 四、細節

「看見」句子中的畫面及其顏色，並不容易。你必須「進入」畫面，想像自己身處其中，釋放感覺。這個過程，你必須自己提問細節。

當你讀到「這地方像一個女巫的廚房……」時，可以問「鍋子有多大」，「鍋子放在房裡哪個位置」，「牆壁是什麼顏色」。當你讀到「葛藤坪有一片高低不等的黑色和灰色的屋頂……」時，可以問「黑色的屋頂多一些，還是灰色的屋頂多一些」，或者問「那片屋頂有多寬」，「小溪怎麼繞過房子」。總之，你不斷提問，鼓勵自己去想像，鼓勵自己在腦中映像，去「看見」，讓畫面清晰、具體、可視。

接下來，請你根據引導，逐步發問。這是E·B·懷特《夏洛的網》一段文字，請設計問句，追問畫面細節。

在初夏的日子裡，有許多東西可以給孩子吃、喝、吸、嚼。蒲公英桿充滿乳液，紅花草球充滿蜜汁，電冰箱裡裝滿冰涼的飲料。不管朝哪看都是勃勃生機，甚至把野草梗上的小絨球撥開，裡面也會有一條青蟲。土豆藤上的葉片背後有馬鈴薯甲蟲發亮的橙色蟲卵。

設計問句，追問上述畫面中的細節。讀到「蒲公英桿充滿乳液」，可以問：「那株蒲公英有多高呢？汁液從哪個裂口滲出來的？」那麼讀到「把野草梗上的小絨球撥開，裡面也會有一條青蟲」，你會問什麼；讀到「土豆藤上的葉片背後有馬鈴薯甲蟲發亮的橙色蟲卵」，你又會問什麼？

| | |
|---|---|
| 1. | 那株蒲公英有多高呢？汁液從哪個裂口滲出來的？ |
| 2. | 紅花草球滲出的蜜汁，是什麼顏色？摸起來什麼感覺？ |
| 3. | |
| 4. | |
| 5. | |
| 6. | |
| 7. | |

這是史蒂芬・金〈撒冷鎮〉一段文字：

月光如水，穿窗入室，給房間鍍上一層銀色，營造出夢境的氣氛。麥特搖搖頭，想清醒過來。時光彷彿倒轉，他又回到了昨天夜裡，他即將下樓給本打電話，因為那時候本還沒有住院——邁克睜開了眼睛。眼睛在月光下只閃爍了一瞬間，銀光中透著血紅色。眼神一片空白，宛如清洗過的黑板，其中沒有人類的思想或感情。

請從這段敘述中設計若干問句，追問畫面中的細節。

| 7. | 6. | 5. | 4. | 3. | 2. | 1. |
|---|---|---|---|---|---|---|
| | | | | | | |

親愛的同學，問句是一種壓力，能幫助自己從文句中釋放出來，凝聚畫面。當你問自己問題時，不必擔心答不出來，只須停頓一下，重新整理，要有耐心。

親愛的媽媽們，不要希望凡事立竿見影。要接納和響應孩子的答案，尊重他們的響應，不要給出建議，不要幫孩子回答。經過這些鍛鍊，你也許會很驚訝他們的想像力。

## 五、結語

從句子中找出畫面及其配色，從配色中找出情緒，從情緒中歸納樣式。安徒生領著魯超鋒，看到「畫面中的顏色」，提升他的敏感度與注意力，那麼，接下來呢？

請繼續看下去。

# 夢境

## 1

我做了一個夢：陰暗的隧道裡，我成了一顆氫氣球，追趕女神。

「魯超鋒！」小尖頭尖聲喊道，「跳高一點，跳得再高一點！你看見了沒有？看見了沒？」

我身體浮了起來，搖搖晃晃，既驚慌又興奮。我低頭看下面，發現自己被小尖頭用線牽著。小尖頭猛然拽了一下，讓我在半空中顛了顛。

小尖頭、王老大，渾身塗滿紅色油漆，重要部位遮上一塊小布，隨風微微擺動。一個女人在前面奔跑，秀髮如雲。

「那裡！」王老大大喊。

「看到了！」小尖頭踮起腳，猛然一扯氣球，惹得我尖叫起來。

「追！」我大喊，身體在半空中搖搖晃晃。

一股暖空氣拂過我的屁股，我口中發乾，舌頭快要頂穿上顎了。

女神奔跑的背影，朦朧得像朵烏雲。

一陣閃電刺得我兩眼發疼，我眼睛瞇了起來。

「怎麼回事？」我大喊。

光線如箭刺入隧道，空氣電流般劃過身體，我駝背縮頭，手腳胡亂撲騰。藉著閃電，我看見女神在前面緩緩轉過身來，是一張蒼白無血色的臉，微微發怒的臉。

「渾蛋！」他的聲音威嚴渾厚，像是從地獄深處傳來的。

那是安徒生，那個胳肢窩老頭。

「又來了！魯超鋒！」他的聲音幾乎震破我的耳膜。

「為什麼追我！」他大手一揮，把我從半空中拉了下去。

# 2

我倏地驚醒，從床上滾到地板上，心怦怦猛跳。

坐起身來，渾身發顫。

從老宅回來已經兩天，驚嚇的感覺久久不退，呼吸始終順不過來。

我搖搖頭，感覺腦子裝滿沉沉石塊，精神恍惚。

風吹動樹葉，發出潮水似的沙沙聲。我又躺了下去，眼睛瞪著天花板，上面有桂樹投下搖曳的影子。

我側過身體，慢慢閉上眼睛。

那兩個字母什麼意思？ㄕㄚ？殺人的殺？

我噴著鼻息，腦海裡繞了一圈畫面：暗室、榔頭、緊閉的百葉窗、墓碑似的壁爐、色卡、信封……

房間裡悄然無聲，我嘆了一口氣，捕捉最輕微的聲響，想辦法讓自已沉澱下來。

「殺？」我在黑暗裡喃喃自語，「殺什麼？」

一些詞語在我眼前走馬燈：精神病患、殺人兇手、魔人、無辜少女、英雄、救我……

我有一種迷茫的感覺，感覺被捲進一個噩夢，再也醒不過來。想到這裡，我顫抖地呻吟一聲，用手捂住臉掙扎著坐起來。

3

已是半夜，離十二點還有五分鐘。我下床，走向窗邊書桌，窗外的樹枝隨風打在窗玻璃上。我拉開書桌的椅子，坐了下來。

我扭開檯燈，在筆記本裡畫了一條線。

我開始寫字，不問自己這個衝動從何而來，我就是要寫字。

我的手指滑過傾斜的筆痕，嘴唇動了動。

我

我寫了一個「我」字，心裡面好像有一種燃燒，想飛快地寫，寫在紙上。

我雙眼發熱，全身骨節格格作響，握筆的手瘋狂搖動。

我沒死

我在幹什麼？見鬼了，到底在幹什麼？

放下圓珠筆，我盯著窗玻璃上黑洞洞的眼睛。

惱人的衝動消失了。當我把這三個字寫出來的時候，那種感覺消失了。

太不正常了。精神失調？沒事胡思亂想做什麼？真中邪了？

我嘆了口氣，又看了看這三個字：

我沒死

這種沒頭沒腦的句子是哪兒來的啊？

我強迫自己闔上筆記本，在深夜裡沉沉睡去。

## 4

一早，我醒了過來。

奇怪的麻痹感將我淹沒。

躺在床板上，我一動不動，聽著窗外麻雀的吱喳聲，盯著天花板。

很麻，右手很麻，身體像懸浮在水銀裡，飄飄蕩蕩。

翻了個身，望向窗外：幾隻麻雀正啄著窗台，小腳輕輕彈點地板，對我歪了歪頭，米粒般的眼睛像在打探。

我感覺胸口發脹，脹得詭異。我嚥嚥口水，舉起三根手指，將乳白色的棉被，輕輕掀起來。

「什麼？」

我猛地朝上瞪大眼睛。

胸部丘陵似地微微聳起。

不、可、能。

我倏地起身，胳膊交叉，渾身直打顫。

「魯超鋒？」媽的聲音飄了進來。「起床了沒？吃早餐啊？」

「知道了。」我響應著。

早知道了，早知道胸部長那、麼、大、了。

我的臉漲紅了起來。

媽媽咪啊！怎麼長這種東西？我一聲不吭，朝胸口眨了眨眼睛。

不久前，不織布海報非常流行。我牆上掛著「前田敦子」，小尖頭掛著「能年玲奈」，女優們低下頭，嘴巴微微張開，眼睛顯得又大又亮。LOVELY GIRL——PRETTY GIRL。這幾行字用特別的紅色斜插在海報右下角，我記得黑白襯底跳出來的紅色，那是一個多麼溫暖又熟悉的顏色。

此時此刻，脫光了衣服站在鏡子前面，我又想起LOVELY GIRL——PRETTY GIRL這幾個字，心情卻一點也興奮不起來。

我爬下床，光著腳踩著冰冰的地板，頭痛欲裂。

## 5

今天有游泳課，現在怎麼辦？站在鏡子前面，我高舉雙手，胸部像枝椏上熟爛的蜜桃微微晃了晃。

緊急備案！緊急備案！

轉過身，我急急打開抽屜，有目的地搜尋著：剪刀、筆記本、抽取式衛生紙、計算器、膠布、硬紙片。

膠布！

用力一撕，我拉出一段黃色的膠布條，在胸口比了比。

應該沒問題。

作戰開始。

## 6

「手扶池邊！」紀教練大喊。

「身要正——」我們低下頭來，彷彿野鴨列隊前進。

「身要正！」我們齊聲大喊，喊聲在館裡迴盪，氣勢十足。

「手吐氣，低頭！」教練大喊。

壓了壓連身泳衣的胸口，我深吸一口氣。膠布綑紮的部位，發出脆裂聲。

我的神經像拉緊的弦，聽著隊友們呵希呵希地喘氣。

「呼」的一聲，我吐出濁氣，胸口的膠布鬆開了，稍微一點點。

漂浮在水面，我放空自己。從水面上看下去，地底磁磚有點飄浮起來，切線彎彎曲曲，四處懸浮白色的絲絮。

底部有個裂口，我仔細打量它。所有念頭，從鼻尖到心尖，從肚臍眼到腳趾尖，直直繃成一條線。

「兩腿分開，蹬！夾水！」

紀教練的聲音隱隱約約傳了過來。我屏住氣，兩腳各畫一個半圓，併攏，再畫圓，併攏，踝骨互相敲擊，發出沉沉的一聲。

我換了口氣，胸口的膠布略略一鬆。

一種不祥的預感像電流般竄進腦門，肚子和後背猛地抽緊。

「兩手畫圓，收腹。畫圓，收腹。」紀老師說。

我的手臂用力划水時，胸口的膠布朝低處移動了一點點。我望著水底瓷磚與瓷磚之間拼接處的縫隙，屏息鼓起全身肌肉。

「畫圓，收腹。畫圓，收腹。」紀老師說。

雙臂不斷划水，水花四濺，如雪花飄舞。我的意識在水中打轉，毛孔灌注所有精神力。

一股黑水從池底縫隙竄了出來，非常濃稠。我瞪大眼睛看著黑水，周圍靜悄悄的。奇怪的是過了一會兒那股黑水還是很濃，邊緣清晰，沒有被稀釋。

岸上相當刺眼，紀老師在俯瞰著。他發現我在水中停止動作，就雙手扠腰，往池底看了過來。

「幹嘛？」紀老師說。

我開始害怕，非常害怕，比上次躲在安徒生床底下時更害怕，身體像彈簧般繃緊。我想躲避那股黑水，但是身體無法動彈。

「魯超鋒——」紀老師最後一個字音尖細地飄了上去，飄得我頭皮發麻。

我心中慘叫一聲，在水裡胡亂撲騰。這時膠布完全鬆脫，我胸口一凜，右手、左手，緊繃的背脊，忽然之間全都自由了。

我兩手往水面一壓，昂起頭，大口大口喘著粗氣。

紀老師似乎沒看到那股濃稠的黑水，他只是看著我，嘴裡不知咕噥些什麼，還皺了皺眉頭。

我滿臉羞愧，驚慌失措地爬上了池岸。

「幹嘛？」紀老師朝我走來，拖鞋敲在地磚上發出「啪啪」的響聲。

我扭過脖子，掃視泳池，小尖頭、王老大、黑金剛等正仰頭看看我，水很藍很藍，看不見那股黑水了。

我濕漉漉地面向牆壁，夾緊屁股，雙肩高聳，兩手緊扠腋窩。

「魯超鋒！」紀老師在背後叫我。

我閉上眼睛，深吸一口氣。

「轉過來！」紀老師冷冷地說，「你脫隊了！」

我沒有回答。

「你啊──你！」他一隻手魯莽地扳住我，踉蹌了一下。「回泳池去！」

我向後一縮，忍不住驚叫。

教練氣了起來。

他抓住我的手腕。我雙眼圓睜，努力掙脫。

教練大叫一聲，手鬆開了。我用力一抽，踉踉蹌蹌退出泳池，跑了起來。

快跑！

快跑！

意識融成一團，眼前一片光亮。

我跑進更衣室，有一群驚愕不已的同學。

我穿過大門，迎向街道。意識脫離了溫暖的身體，漂浮到半空中。

我又一次尖叫起來，泳衣上未乾的水滴甩向陽光，蒸騰成點點光暈。

無意識地，我拐下街道，跨過一堆碎石，跌了一跤，踉蹌進老宅前院，意識恍恍惚惚。

推開大門，從玄關望向客廳。安徒生像隻被雷擊中的兔子，一臉錯愕。

「我回來了！」我說。

沿著廊道跌跌撞撞走去，身子一歪，在客廳中央倒了下來。

# 排列

## 1

「你又來了？」安徒生在牆邊摸到電燈開關，打開了燈。「你個純天然的掃把星，怎麼又來？」

我挑了挑眉頭，沒有說話。

安徒生端詳我幾秒鐘，這才笑著敲敲我額頭：「魯超峰，大駕光臨，蓬蓽生輝啊！」

「對不起，真的對不起。」我格開他的手指說，「見鬼啊！」

「見鬼？」安徒生環顧四周說，「什麼鬼？說我是鬼？嘴巴挺利的啊！」

「不、不，不是這個意思。」我說。

我嘆了口氣，對他露出一個皮笑肉不笑的笑容。

「魯超鋒，」他說，「過來，坐下。」

我有氣無力地走過去，陷進深綠色的沙發。順手拉了拉上衣——咦？胸部不見了？怎麼回事？

安徒生給我一條毯子，然後在我身邊坐下。

「我不知道你是怎麼了。」他說，「有人在捉弄你？也許有什麼不可思議的力量。」

我把毯子包在身上，欲言又止。

「也許是那個人。」他的眼睛望向遠方。

「誰是那個人？」我問。

安徒生用手指輕輕敲打嘴唇，陷入沉思。過了一會兒，他說服自己似地用力搖搖頭：「沒這回事。」

他抬頭起來看著我，眼角居然閃著一點淚光。

「你說謊。」他輕輕地說。

我感到自己的臉發熱，腦門充血。

「說謊？」我大叫，「我幹嘛要說謊？我受夠了！」

他突然對著我的臉猛地呼出一口氣，說：「夠了，你是夠了。」

他把食指放在嘴唇上，示意我閉嘴。

「我安、徒、生，是『不安好心』的安，『生不如死』的生，不要要我。」他用手抹了抹臉，「裝神弄鬼，顛顛倒倒，你要報仇？」

「我沒、沒有！」我說。

「哪、哪沒有？」他用手按住我的肩頭，「裝瘋賣傻。」

「安老先生，不、不、不是！不是的！」我說。

「不？不是？你個兔崽子。」

「我沒裝啊。」我抽泣道，「不可能的，請相信我！」

我痛哭起來，潸然淚下，用雙手抱住自己雙腿。

「救救我吧！」我說，「別跟我開玩笑了。」

安徒生搖晃著腦袋，哈哈大笑。

「救你？我救你，誰救我？」他說，「孽種，妄想太多。」

「別……別說了……」我說。

我哭到這個程度還是引不起他的同情，我完全懵了。

「你的心思我是猜不透的，我也不想去猜。」他說著拿起一本筆記簿。「你那麼會胡思亂想，不如一起來寫首詩。我整天都在亂寫，怎麼你不貢獻一個好『排列』？」

「『排列』？」我說。

「是啊，『排列』。」他說，「詩不都是排出來的？」

## 2

安徒生低下頭，在筆記簿裡寫了十幾個字：

月落　烏啼　霜滿天　江楓　漁火　對愁眠

怎麼這麼熟？一開始我沒想起來。我說：「這是……」

「這是一個排列。」他敲了敲我的頭。「一個排列而成的畫面，或者說是一串畫面。」

「一串？」我搖搖頭。「畫面還有一串兒的？難道成了糖葫蘆？」

「魯超鋒，創作要有畫面。」他發出一聲輕嘆，聽起來既疲憊又在忍耐。

「有時候一個句子寫出一個畫面，有時候幾個句子才寫出一個畫面，有時候一個句子不止一個畫面。寫作就像串珠子一樣，一個接著一個。」

「這兩句詩裡，有好幾個。」安徒生閉上眼睛說，「月亮，落下來了；烏鴉，在啼叫；霜天寒夜；江邊楓樹；漁船上的燈火；難眠的旅人。」

「六個？」我問。

「是啊，六個。」他說，「當然，也可以說是這六個小畫面排列成了一個大畫面。」

「排、排列？」我問。

「這詞兒有那麼稀奇？」安徒生說，「排列，就是按次序排隊、安放或編排。怎麼這麼個水母腦袋！」

他咧嘴笑了笑，然後又顯得嚴肅了：「排列可不是輕鬆的活，是件困難的事。」

「怎麼說？」我問。

「排列畫面有很多技巧，這跟拍電影一樣。」他伸手攏了攏頭髮，又拽了一下。「有的人會把畫面排列得鬆一點，幾步一景。有的人會把畫面排列得緊一點，『意象』穿插得很快，造成一種『醉態』。」

「醉酒的『醉』？」我問。

「感覺會逗留。」安徒生說，「畫面很多，層次豐富，目不暇接，所以要逗留，與畫面比較鬆的『幾步一景』相當不同。」

「像這首詩，」他直起腰，停了幾秒鐘。「『我的面容展開如一株樹。』」

我看著安徒生，他的眼珠又大又濁，透著森森死氣。

「『一切靜止，唯眸子在眼瞼後面移動。』」他高聲背誦。

我用毯子捂住嘴巴，瞪大眼睛四處張望。

「『有人試圖在我額上吸取初霽的晴光。』」

「安、安老先生？」

「『壁爐旁，我看著自己化為一瓢冷水。』」他用手按住我的肩膀，兩眼閃閃發光。「『一面微笑，一面流進你的脊骨，你的血液。』」

「等、等、等一下。」

「『如裸女般被路人雕塑著。』」他嬌媚一笑，「『我在推想，我的肉體如何在一隻巨掌中成形。』」

「我聽不懂這樣的句子。」我說。

「你以為詩人是個瘋子，是吧？」

「沒有，」我謹慎地望著他，「真的沒有。」

「你少來。」安徒生摸著自己頭皮，「這種句子顛顛倒倒，以你的程度絕不可能聽懂。現在你閉上眼睛！」

「啊？」

「閉上眼睛！想像一下我們看到一張臉，一張『展開如一株樹』的臉，用力地想。」

我閉上了眼睛，一時間大腦裡一片空白。接著有如神蹟，許多東西從黑暗中魚貫而出。我看見了生機勃勃的樹、展開的面孔、眼瞼等，聽見了一瓢冷水倒下來的嘩啦聲。突然，乳白色身體鼓了出來，巨大的手掌在腦子裡忽開忽闔。

「魯超鋒，怎麼了？」他問。

「我看見了，但那只是一閃而過的念頭而已。」我說。

「非常好！你看見了！」安徒生興奮了起來。「攪和了沒？」

「攪和？」我重複著他這兩個字。

「這幾個畫面是不是同時浮現在眼前？疊在一起？」他問。

「樹、眼睛、眼瞼、額頭、壁爐、手掌，和在一起了？」我亂說一通。

「有點小聰明呢，年輕人。」他說。

「謝、謝謝。」

「一般來說，一個單純的畫面刺激一種情緒，雪讓人感覺到冷，烏鴉的叫聲讓人感覺到靜；多個畫面聚在一起，就是多個感覺聚在一起。」

「有點明白。」

「當你深受感動時，」安徒生說，「這種『感動』，我稱之為『意象感動時刻』。」

我還「屁滾尿流時刻」呢，我心裡說。

他突然笑了出來，笑裡沒有幽默的感覺。

「屁滾尿流？」他用食指點著我，「我聽見了。」

一時之間，窗簾「噗噗」亂響起來。

耶？為什麼他能聽見？

## 3

窗簾微微一掀，風吹了進來，窗門明明關著。安徒生揚了揚眉，帶著詭異的笑看著我，那表情是：你說啊，再說啊，壞東西！

牆上有油漬和蜘蛛網，我在牆上的投影像湯勺一樣。很多想法掠過腦海，但我不想開口。

「好—孩—子——」那聲音好似微風中的風鈴，又清、又脆、又細，彷彿來自夢中。

我的心跳到了喉嚨眼，那不是安徒生，是一個女人的聲音。我沒法四處張望。有很長一段時間，我幾乎動彈不得。那個聲音在靠近我——如果說老宅裡的東西真有不可思議的力量，我是逃不掉了。真的逃不掉了，她跟著我，已經不是一兩天了。

喔！耶穌基督，阿彌陀佛，亞伯拉罕・林肯啊！這是夢吧！如果真是個夢，就讓我睜開眼，狠狠結束這一切吧！

房間實在很冷，非常冷。

「呵——呵——哈——」那笑聲甜美而尖銳，微微打顫，離我很近，惹得我耳朵一陣發癢。

我朝後一縮，喉嚨乾澀得像有砂石刮過。我直挺挺地望著他，他好像失去了意識，烏青的眼眶裡眼球縮成小小的銀點。我弄不清自己是醒了還是在夢中。

他的臉已經像蠟一樣慘白，眼皮在抖動著。

窗簾又微微一掀，我意識到這個東西非常頑固。

「你想怎樣？」我說，盡量讓聲音保持平穩。

他沒有理我，雙手從膝上移到胸前，又從胸前移到胸前。隔著窗玻璃，路燈下一團薄霧在升騰。我只朝那邊瞥了一眼，立即強迫自己把注意力放回安徒生的身上。

「怎樣？」我問。

一片寂靜，他還是沒回答。

窗外薄霧中的樹枝不停地在擺動，我努力讓自己鎮定，身體忍不住也擺動起來。

「有話。」他說，冰冷的手覆上我的臉頰，掌心柔軟。

「你要聽。」他的聲音聽起來來像小姑娘，這讓我比剛才更害怕了。

「有話，在上面。」他說著將一本筆記簿放在我大腿上。

4

兩三張空白頁的後面，文字露了出來：

帶他走

什麼意思？我深吸一口氣。

伸直手臂，安徒生把這張紙舉了起來，這三個歪歪斜斜的字懸在半空。我聽到了一個女聲，像微風中的風鈴聲一樣清脆飄渺。

床——

底——

那女聲飄過來輕觸腦門，微微扯動髮根。

這些天我已經感覺到她的存在，感覺到她的溫度，感覺到她的力量。

安徒生看我一眼，眼眶凹陷，像是給人狠狠打了一拳。他舉起雙臂，左臂伸直，右臂稍微彎曲，十指張開，嘴大張著露出血紅色的牙肉。

「來！」他突然弓身，朝我撲了過來。

## 7

我跌在地上。

他想怎樣？

好像有一股海藻的霉爛味道。安徒生昂頭，毫無表情。我盯著他縮成針尖大小的瞳孔，意志瞬間潰堤。

到底怎樣？

我雙目緊閉，腦海裡他慘白的臉在逼近。

救——

救命！

安徒生一把拽住我的手臂，臉貼了過來，嘴裡有喀喀聲。

我耳朵嗡嗡作響，一股潮濕的氣味朝鼻孔裡鑽，身體癱軟。

救命！

他的的眼鏡框抵住我右側太陽穴，噴出的氣息暖著我的耳窩。

「來！」他說。

我想躲開，突然之間，不知什麼東西落在頭頂，眼前一片黑暗。

## 提示

1. 將畫面串連與（　　　　　），是作家的工作，也是作家的才華所在。

2. 語言文字和素描繪畫的視覺再現之間（　　）。

A不一樣　B一樣　C不知道

3. 語言文字是一種（　　）排列。

A斜線的　B直線的　C曲線的

4. 語言文字呈現的畫面就像（　　），只能一個一個地依次串連在一起。

A旗桿　B念珠上的珠子　C椅子

5. 剪接跟運鏡，是有節奏的。（　　）

A對　B不對　C誰跟你這樣說的？

6. 節奏快是指作家把畫面（　　）得緊一點；節奏慢是指作家把畫面（　　）得鬆一點。

7. 醉態是指是畫面（　　）的狀態。

A目不暇接　B零零落落　C快快慢慢

## 答案

| | | | | | | |
|---|---|---|---|---|---|---|
| 1. 轉接 | 2. B | 3. B | 4. B | 5. A | 6. 排列 | 7. A |

# 祕密

## 1

我醒來的時候，正被扛上樓梯——他的肩膀高高低低，踏板嘎吱嘎吱響個不停。就像上山，快要到山頂。這種感覺其實不錯——至少不再怕了，都不怕了。

我的頭耷拉著，眼睛瞇著，周圍很亮，壁燈全打開了。

又來了，我居然又來了。這裡是二樓。

我在腦子裡輕輕嘆息，忘記了掙扎，沒有呻吟。

到了樓梯口，安徒生胳膊一鬆。我沉沉摔在地板上，磕痛了腦袋。

翻了個身，我張大眼睛。

他低下頭，雙肩下垂，額頭膨大得像河豚肚皮，臉像蠟一樣慘白。

「你……」他說。

「幹嘛？」我問，「幹、幹嘛？」

他把一根手指放在嘴唇上，示意我不要發聲。

我蹭著屁股後退。一下，兩下，三下，四下……退到房門口。

安徒生站在樓梯口，一股一股唾液從嘴角湧出，沿著下顎，一路往下流，滴到地板。雖然還在呼吸，但我知道他失去了意識。

我大叫一聲，安徒生也大叫一聲。他的叫聲和我的叫聲重疊，讓人渾身顫慄。

他跨了過來，兩個膝蓋跪在我的大腿兩側，雙手插到我的背脊後面，往內用力。

「孩子！」他說，在我耳邊乾笑兩聲，使勁地卡住我的背脊。我劇烈抖了起來，幾個畫面迅速掠過腦海。

第一個畫面：我跳上窗台，撞破玻璃，以飛鳥姿勢下墜。

第二個畫面：一個枕頭拍了下來，我眼前一黑。

第三個畫面，我雙手握成拳頭，兩腿頂著額頭，全身蜷縮成一團，周圍很黑很黑。

漫長的幾秒鐘內，我什麼也聽不見。那東西抱著我微微晃動，好像要把我的靈魂緩緩勾了出來。

「床——底——」他的聲音顯得沙啞而黯淡，聽來感覺陌生。

我倒仰著背，像條刺穿的魚一上一下地鼓動著身體。

「lu——」他輕聲說，但手沒有放開。「咿——殺——」

我的腦袋脹了起來，意識開始恍惚。眼前的光暈點點瀰漫，籠罩意識，一瞬間，我幾乎相信自已已經沒有氣息。

「床底。」他對著我的耳朵說。

床底？

那一瞬間，一陣電流迅速般穿過身體，引得我渾身戰慄。

我被用力彈開，倒向牆邊，眼冒金星，一陣昏眩。

## 2

我正看著他，安徒生崩潰了。他眼珠翻成魚肚白，口水又從嘴角汩汩冒出來。

他用手撐起身體，大口大口喘著氣，突然從肺部深嘶一口氣，怪叫一聲，面朝下，癱倒在地。

我想叫救命，真的，真的想叫救命，但什麼東西填滿了喉管，叫不出聲音。

我深吸一口氣，抽抽鼻子，回頭看了一眼掛鐘。

十二點零五分，半夜了，沒人知道我在這裡。

我靠著牆，心突突亂跳，屋子裡陷入不可思議的寂靜之中，時間似乎凝固住了。

我用手抹抹臉，讓思緒恢復正常。

自己嚇自己？

全是假的，假的。

這個胳肢窩老頭，有什麼好怕的？啊？

我雙手捂臉，搖了搖頭，腦中閃過幾個畫面：用榔頭敲釘子；用鐵鍬挖泥土；拿著像箭一樣的筆，趴在地上，像獵人一樣看著床底。

床底？

我像觸電一樣鬆開手。

3

我往床底掃了一圈，一邊深吸一口氣。

深處堆著許多盒子，絕大部分都已受潮，扭曲變形。

幾個塑膠盒裡塞滿稿紙，透明盒蓋破裂散開，紙頁像舌頭一樣伸出來，軟塌塌的。

我的鼻頭發癢，灰塵塵搔得人眼睛眨呀眨。

把最外面的盒子扳正，我往外一拉。黏答答的蜘蛛網，跟著手拉了出來，真是噁心。

翻開盒子，我端詳了一會兒。想了幾秒鐘，把最上面的一張抽出來。

居然是一張病例報告單。

我瞪著這張紙發愣，想了想，是真的嗎？

這張病歷報告單是安徒生的，沒錯。把它放在鞋盒裡，難道有什麼特別意義？

也許，可能，我不知道而已。我嘆了口氣。

你這個腦子長釘、耳朵灌水的老頭。

鞋盒裡還有幾張剪報、發票，用鞋帶紮起來的一小綑發黃的宣傳紙，遠看就像迷你版的木乃伊。

| | | |
|---|---|---|
| 姓　名：安徒生 | 性　　別：男 | 年　　齡：38歲 |
| 樣本號：2046 | 樣本類型： | 測試類型：腦部斷層 |
| 病歷號：0003936017 | 病人類型：急診 | 備　　註：神經性創傷、撞擊 |
| 科　室：急診外科 | | |

額頭4公分撕裂傷，*Brain CT*：腦震盪，額葉出血性血腫。
疑似產生器質性腦病變。

局部腦結構損傷，瀰漫性病灶（*Focal Vs Diffused lesion*），
器質性精神症（*Organic Mental Disorders*）。

患者幼稚、多話、抽象能力差、虛構記憶、意識混亂。
建議入院治療。

**協尋失蹤人口**

五列區警局報告：

安徒生，男，38歲，本區居民，於7月13日下午離家出走，沒有留言，至今未歸。

據他的太太表述，安徒生身高170公分、體重55公斤，短髮，穿灰色西裝，帶黑色帆布袋。

請熱心民眾加入協尋行列，提供訊息。聯繫電話……

我一點也不費力地解開鞋帶，紙背透著黑字。將宣傳紙攤開，第一張、第二張、第三張、第四張……是內容相同的尋人啟事：

標題異常醒目，用老式打印機打出來的墨汁微微顫出毛邊。

安徒生走失？怎麼回事？

難道這病歷報告單、尋人啟事就是床底的祕密？我懷疑還有更讓我吃驚的祕密，但是誰知道呢，這老頭顛顛倒倒，奇奇怪怪。

我恨不得像他現在一樣也沉沉地睡去，什麼也不知道。

## 4

我伸手至一疊稿紙下面，指尖碰到一本東西，很厚，可能受過潮，硬封面有些膨脹不平。拿出來一看是日記簿，內頁淡藍色底紋，夾著紅絲帶書籤。隨便翻了一下，有水漬的幾頁字跡糊化。

密密麻麻的鋼筆字，是平日紀錄，隨筆。我翻回到第一頁，開始細讀。

最近，你爸常出現在我夢裡，臉開始變得不一樣。他的腦子裂開，長出了花。花莖一路蔓延，在脊柱盤根錯節。從眼眶竄出花梗，綠色花苞，真的，我看見了。

三月，他開始斜眼看我，樣子有點反常。我以為他又要大吼大叫，甚至揮起枕頭，在空中拍來拍去。但是，他卻很安靜，非常安靜，安靜得讓我害怕。

前天夜裡，我被他突然搖醒。「別睡！」他衝著我的臉大叫。

「他不出來！不出來！聽見了沒有？」他嚎叫著，頭撞床沿，「咚」的一聲很沉。

「別睡！他不出來！不出來！」

我嚇得尖叫起來，渾身緊張，拚命想離他遠一點，終於忍不住啜泣起來。

「不要，徒生，」我說，「別這樣，不要。」

「別睡，親愛的，別睡……」你爸也哭泣起來。

寶寶，我馬上扭亮了過夜小燈，只見你爸面容扭曲，淚水汩汩而下。

醫生叫我這個月開著夜燈睡覺，但我常常忘記。醫生告誡我，千萬別讓他生氣。

我知道他又發作了，跟醫生說的一樣，我就平靜下來，裝著什麼事也沒發生。

你爸看我不回話，便抓住我的手，把我從床上拽起來。

我以為他又要用拳頭嚇我，但是沒有。他盯著我，右手把他自己的上衣掀起來，露出黑黑黃黃的肚皮。他指著肚臍問：「親愛的，這是什麼？你看，它像什麼？」

「徒生，這是你的肚臍。」我說。

他搖頭，瞪眼，然後說：「這是耳朵。」

「什麼？」我問你爸。

「耳朵，」他蹺起食指，做出偷聽的動作。「它聽到，有人說，我在這裡。」

「徒生，怎麼回事？」我心灰意冷。

「噓！」你爸左手一揚，「小聲！有人在天花板設了監聽器，你不知道？」

他的眼睛又大又黑，我覺得自己在裡面游泳。

「親愛的，有人說話，你懂不懂？」

「懂。」我回答，覺得虛無飄渺，心無所依。

你爸又開始了，每隔幾個月，總會來一次。這種週期性的失控，是在車禍以後。他無法控制自己，越來越糟糕。

寶寶，你爸一失控，我就全身無力。

我的心情陷進層層濃霧。我彷彿看見安徒生正在拱起背脊，女人的尖叫聲穿越霧障。尖叫變成了幽咽，那女人披著蓬鬆的長髮，嘴唇鮮紅欲滴。

傳來一聲輕輕的嘆息，是那麼飄渺，我抬起頭，屏住呼吸。

## 5

我與你爸已經很久沒說過話了，寶寶。

你爸狀況不好，整天待在床上，一動也不動。

他不吃飯，完全不吃。

房間裡空氣不好，窗子很久未開。他說有人說話，又說有人拍門。但是我知道，家裡沒有別的人了。除了快遞，不會有人拍門。

他的眼睛滴溜溜地轉。他在聽聲音？那些空氣裡的聲音？

我雖然不想問，但又忍不住不問：「你這是在……」

「你想讓我吃飯？」他的語氣像在沉思。他躺在床上的姿勢是身體向一邊歪，視線彷彿直入我腦袋。

「是的，徒生。」我說。

有些東西在他心裡膨脹，雖然微小，但是感覺得到。我不該問的，緊張感開始滲入身體。

「你想讓我下床，下樓？」他喘著氣，胸口一鼓一鼓的。

「你……」

「徒生，你怎麼了？」我說。

「別……吵……」他轉過頭去，把一口半凝固膠狀痰吐到一張紙上。「他們很吵，很……吵……」

我俯身，低到能聞到酸臭的體味、能感覺他的體溫，我的頭髮觸到他的耳朵。

「沒有，徒生。沒人說話。」我說。

你爸突然坐了起來，雙手摀住耳朵，用驚疑的眼神看我。

「你想打我！」你爸嚎叫道，「老天啊！神啊！你想打我！」

他張著嘴大口呼吸。

我想給他一個擁抱，卻被他一把推開。

## 6

那天車禍，是在中午。

很大一聲巨響，我狠狠地撞在方向盤上。

車玻璃碎了，有東西斷開，世界扭曲顫動。

有那麼一刻，就那麼一刻，我身邊的東西好像在飄移，頭頂有電流似的嗡嗡聲。接著從車窗外傳來一陣叫喊，我突然慶幸自己眼睛還能轉動。

「車禍！」有人叫喊著。

我回過頭，你爸的眼皮牽拉著，手軟軟地擱在座位上，一動也不動。

拜託沒事，真沒事。

他安全帶是繫著的，兩腿攤開，嘴半張著，卻一句話都說不出。

我心裡在對你爸說：求求你沒事，真沒事。

我轉過身去，深深吸氣、呼氣，然後再回過身來，看著你爸的眼睛。

7

嗚！天啊！願望多麼純潔，絕望又多麼深切。我揉揉眼睛，再次埋頭讀起來。房間裡的任何聲音，都像被關在天地之外。

療養院的人下午來過，他們勸你爸去療養院。

你爸說是我通報的，開始不相信我。

我無法使力，不能強迫。

我沒死，寶寶。

心死。

你爸可能好不了，我淚已流乾。

你爸真的愛我。他的愛也許是混亂的，但真實而強烈。我看著你爸的臉，看著他的表情他幾乎被催眠了。他的眼神呆滯，舌頭伸了出來，渾身軟綿綿的。我要救他，寶寶。

救他。

## 8

日記簿裡出現幾行空白，然後又出現「救他」兩個字，下面又是幾行空白，右角落有幾個字好像是被淚水浸濕過，墨水暈開了，看不清楚。

有那麼一瞬，我感覺那女人就在這裡。

我知道她在這裡，真的知道。

我的胳膊涼颼颼地起了一層雞皮疙瘩，然後，風消失了。我伸手抓住了床腳，抓得緊緊的。在一個疑雲密布的故事裡，它是一樣堅實的東西。我瞪大眼睛，說：「你在嗎？」

沒有回答。

9

聽說等到肚子鼓起來，就能聽到裡面噗通噗通的聲音了。覺得頭昏，腦子裡像有輪子飛轉，白天和晚上都想睡。有時噁心，低下頭吐出酸水。寂寞慢慢被一種堅定的決心所取代。

寶寶，你爸不知道我對他下了藥。

不讓他知道。

他仰面躺在床底下，渾身只剩一件內衣、一條內褲、一雙後跟有破洞的襪子。

寶寶，我很想哭，感覺自己無法積聚力量，身體在飄飄蕩蕩。

我要他睡，讓他睡。他睡著了，就不會反抗了，就能去治病了。

這一篇最後十個字不太整齊，歪歪斜斜，比較無力。大概是她累了。

帶他走，把他治好。求你了。

## 10

我把日記簿放在腿上。

我揉揉眼睛，又翻了一頁，看到夾著的一張女人照片，第一次翻的時候怎麼沒看到呢？照片反面有用圓珠筆寫的三個字：

魯伊莎

我久久注視著這三個字，渾身發冷。

我的目光移向照片，想起安徒生牆上那幅畫。那是同一個人：俏皮的翹下巴，長髮鬆鬆散在肩上，嘴唇又紅又亮，笑得有點詭異。我咕嘟一聲嚥下口水。

魯伊莎，我心裡叫了一聲。

那聲音很微弱，是心電感應。是我，她說。

我的心在狂亂跳動，但我沒有逃走，只是輕輕抖了一下。我突然理解，以前看到的「lu」是「魯」，「ㄕㄚ」是魯伊莎的「莎」；醫院裡那個女人說「咿」，是魯伊莎的「伊」。

想到這裡，我理解了。搖搖頭，我感到憤怒。

想怎樣？魯伊莎，你想怎樣？

幹嘛非要我讀完你的故事？不讓我走嗎？

我眨巴著眼睛，意識到這份恐懼，開始哭了。

## 11

一張標著一九七七年二月的剪報，從日記簿滑了出來。

我用手揉揉鼻子，匆匆瀏覽材料，默記著要點。標題右下方是安徒生照片與簡介。發黃的照片裡，他面色紅潤，額頭很高，笑容薄得刀鋒似的，活像一個會計。

另一張剪報是一篇報告文學，報告女編輯魯伊莎與安徒生轟轟烈烈的愛情。

愛情？天哪！這兩人的愛情故事跟我有什麼關係？幹嘛非要讓我知道？

第三張剪報很小，是一張訃告。

《聯彙報》主編魯伊莎患癌去世

時間：二〇一三年二月十七日　地點：五育區

專題摘要：《聯彙報》主編、聯合寫作教育學會會長魯伊莎因胃癌惡化，於今晚（二月十七日）七點五十分過世，享年六十三歲。

我嘆了口氣，打算從頭到尾再看一遍，突然安徒生傳來了呻吟的聲音。他醒過來了。

## 12

安徒生醒過來了，他抬頭張望，表情溫暖而紅潤，兩眼向上放射光芒。

頭頂上，一團薄霧，冉冉升騰。一陣低沉的嗚咽聲，像被牽引似地，旋轉上升，充滿整個房間。

我挺直背脊，注視著薄霧透出的耀眼光芒。

這光太美了。即使我從未來過這裡，此時的感覺卻像回家。

「伊莎……」他說。

一個透明的臉目從霧中穿了出來，房間裡，滿滿是流線光束，不斷噴湧。

望著滿室的光芒，我沉默著，感動起來。
魯伊莎對我微微一笑，逗留片刻，隨即消失。
風聲過後，一片沉寂。

# 後記

我們為什麼會受到感動？這是重要問題。

「哇！好感動喔！」

當我們這麼說的時候，情緒與想像力鼓動起來，熱情高漲，身心愉悅暢快，精神恍惚、寧靜，陷入連續刺激的「醉態」。這一瞬間，是由「意象」（意念中的形象）完成的。

「意象」（意念中的形象）是讀詞時，腦中浮現的形象。有點像念珠上的珠子，一個詞，一個象，一個詞，一個象；依次串連，一個緊貼一個，最終組成大景象。

當你讀到「這裡有張棺材板大小的桌子，鋪著紅色桌布，上面有個金魚缸大小的箱子。」你會在腦子裡浮現咖啡色的長桌子（我說了棺材板，你會想到棺材板的顏色）；紅色的桌布（也許深紅，也許粉紅，我沒有提到哪種紅色）；金魚缸大小的箱子（你腦中會浮現金魚缸的輪廓）。

當你讀到「讓我把箱子打開，裡面有一個豬頭。豬頭是粉紅色的，鼻子上緣有點黑。牠的牙齒只剩下兩顆了，咬住一顆橘子。」你腦中會浮現我的手，拉開箱子，看到一個豬頭。緊接著，你腦中會看到粉紅色的皮膚（我說了顏色），然後望向鼻尖，停頓一會兒，看向嘴巴（我提醒你注意牙齒），最後盯著一顆橘子。

僅僅九句話，七個物件（桌子、桌布、箱子、豬頭、鼻子、牙齒、橘子），我帶你瀏覽整個景象，從一個畫面進入另一個畫面，喚起感覺與情緒。感覺與情緒一旦喚起，你就能引導、說服、影響人。一旦能引導、說服、影響人，你就能拓展與競爭——這是關鍵能力，值得學習。

「意象」並不抽象，也非難以捉摸，你只須「時時喚醒」。你必須「胡思亂想」，試著「腦中映象」、「腦中成象」，先在「自己的腦中看見」，再讓「別人在腦中看見」，你需要練習。

這本小書，是為你而準備的——為搖動你的「意象」，為搖動孩子的「意象」而準備——請接納我的好意。請探索你的「腦中畫面」，保持好奇。

讓自己飛吧！我在樹梢等你。

二〇一三年十一月　上海　徐涇

少年文學39　PG1530

# 看小說學寫作

## ——安徒生的內褲

**作者**／十方
**責任編輯**／盧羿珊
**圖文排版**／楊家齊
**封面設計**／蔡瑋筠
**出版策劃**／秀威少年
**製作發行**／秀威資訊科技股份有限公司
114 台北市內湖區瑞光路76巷65號1樓
電話：+886-2-2796-3638
傳真：+886-2-2796-1377
服務信箱：service@showwe.com.tw
http://www.showwe.com.tw

**郵政劃撥**／19563868
戶名：秀威資訊科技股份有限公司
**展售門市**／國家書店【松江門市】
104 台北市中山區松江路209號1樓
電話：+886-2-2518-0207
傳真：+886-2-2518-0778

**網路訂購**／秀威網路書店：http://www.bodbooks.com.tw
國家網路書店：http://www.govbooks.com.tw
**法律顧問**／毛國樑　律師

**總經銷**／聯寶國際文化事業有限公司
221新北市汐止區康寧街169巷27號8樓
電話：+886-2-2695-4083
傳真：+886-2-2695-4087

**出版日期**／2016年10月　BOD一版　**定價**／250元
ISBN／978-986-5731-64-9

秀威少年
SHOWWE YOUNG

國家圖書館出版品預行編目

看小說學寫作：安徒生的內褲 / 十方著. -- 一版. -- 臺北市：秀威少年, 2016.10
面；　公分. -- (少年文學；39)
BOD版
ISBN 978-986-5731-64-9(平裝)

1. 漢語教學 2. 作文 3. 寫作法 4. 小學教學

523.313　　105015701

# 讀者回函卡

感謝您購買本書，為提升服務品質，請填妥以下資料，將讀者回函卡直接寄回或傳真本公司，收到您的寶貴意見後，我們會收藏記錄及檢討，謝謝！

如您需要了解本公司最新出版書目、購書優惠或企劃活動，歡迎您上網查詢或下載相關資料：http:// www.showwe.com.tw

您購買的書名：________________________________

出生日期：________年________月________日

學歷：□高中（含）以下　□大專　□研究所（含）以上

職業：□製造業　□金融業　□資訊業　□軍警　□傳播業　□自由業

□服務業　□公務員　□教職　□學生　□家管　□其它_____

購書地點：□網路書店　□實體書店　□書展　□郵購　□贈閱　□其他

您從何得知本書的消息？

□網路書店　□實體書店　□網路搜尋　□電子報　□書訊　□雜誌

□傳播媒體　□親友推薦　□網站推薦　□部落格　□其他__________

您對本書的評價：（請填代號　1.非常滿意　2.滿意　3.尚可　4.再改進）

封面設計____　版面編排____　內容____　文／譯筆____　價格____

讀完書後您覺得：

□很有收穫　□有收穫　□收穫不多　□沒收穫

對我們的建議：________________________________

________________________________________

________________________________________

________________________________________

請貼
郵票

11466
台北市內湖區瑞光路 76 巷 65 號 1 樓
**秀威資訊科技股份有限公司** 收
BOD 數位出版事業部

........................................................................................

（請沿線對折寄回，謝謝！）

姓　　名：＿＿＿＿＿＿＿＿　年齡：＿＿＿＿　性別：□女　□男

郵遞區號：□□□□□

地　　址：＿＿＿＿＿＿＿＿＿＿＿＿＿＿＿＿＿＿＿＿

聯絡電話：（日）＿＿＿＿＿＿＿＿（夜）＿＿＿＿＿＿＿＿

E-mail：＿＿＿＿＿＿＿＿＿＿＿＿＿＿＿＿＿＿＿＿